LA PARTITA DOPPIA

Manualetto Rapido

di

M. CASTELLA

G.P. TARICCO

Revisione febbraio 2017

ISBN-13: 9781492898238
ISBN-10: 1492898236

versione eBook Kindle su Amazon.it
https://www.amazon.it/dp/B00HGWOJJ8

SOMMARIO

Introduzione alla contabilità

Ogni azienda per il proprio funzionamento ha bisogno di un **patrimonio**. La gestione dell'azienda produce un risultato di gestione (**reddito**) che può essere positivo (utile, guadagno) o negativo (perdita).

Cos'è il patrimonio?

Il **patrimonio** è l'insieme dei beni a disposizione dell'azienda. Fanno parte del patrimonio i Fabbricati, i macchinari, i crediti, il denaro liquido. Questi sono **elementi Attivi** (detti anche Impieghi).
Il patrimonio, però, comprende anche **elementi Passivi** (Fonti di Finanziamento): debiti verso fornitori, debiti verso banche, debiti verso lo Stato ecc..

Cos'è il reddito?

Il **reddito** è composto da **elementi negativi** e **positivi**. Gli elementi negativi sono i costi (le spese) che l'impresa sostiene per comprare i materiali o i servizi che le servono per la produzione Gli elementi positivi sono i ricavi che l'impresa ottiene dalla vendita di beni o prestazione di servizi.

Facciamo un esempio:
Sosteniamo un costo (C): abbiamo acquistato frutta per €1.000,00 (destinata alla rivendita). Rivendiamo questa frutta a €1.500,00. Otteniamo un ricavo (R). Dalla differenza tra il Ricavo e il Costo (1.500-1000) rileviamo un guadagno di €500,00. Il risultato positivo, guadagno, lo chiamiamo Utile (U)

Costo (C) = 1.000,00
Ricavo (R) = 1.500,00
Risultato positivo (U) = R-C = 500,00

PATRIMONIO	
Elementi Attivi	**Elementi Passivi**
ATTIVITA' (impieghi) -Fabbricati -Automezzi -Crediti -Denaro liquido (banca, cassa)	PASSIVITA' (fonti) -Debiti v/fornitori -Debiti v/banche -Debiti v/Stato

REDDITO	
Elementi Negativi	**Elementi Positivi**
COSTI -Acquisto merci -Acquisto servizi	RICAVI -Vendita merci -Prestazioni di servizi

Riassumendo i primi due concetti di Patrimonio e Reddito: il Patrimonio si divide in Attività e Passività mentre il reddito in Costi e Ricavi.

Dallo schema precedente ricaviamo una **prima regola:**

- nella tabella del patrimonio, le **Attività** sono nella colonna (sezione) di **Sinistra**, le **Passività** nella colonna (sezione) di **Destra**

- nella tabella del reddito i **Costi** sono nella colonna (sezione) di **Sinistra**, i **Ricavi** nella colonna (sezione) di **Destra**.

Perché questa regola? E' una convenzione!

I fatti di gestione

Nella vita di un'azienda avvengono continuamente acquisti, vendite, pagamenti, incassi, versamenti in banca e prelievi, pagamento imposte. Queste azioni le definiamo come **Fatti di gestione.**

Ogni fatto di gestione provoca delle **variazioni,** in aumento o in diminuzione, **nei valori** del **patrimonio** o del **reddito** dell'azienda.

Facciamo un esempio:
Acquistiamo un furgone usato e spendiamo € 10.000,00. Lo paghiamo con bonifico bancario.
Il valore patrimoniale AUTOMEZZI aumenta di 10.000,00
Il valore patrimoniale BANCA diminuisce di 10.000,00.

Cosa significa tenere la contabilità?

Tenere la contabilità di una azienda significa **rilevare** (riconoscere e registrare) **i fatti di gestione** e **annotare le variazioni** che avvengono nei valori del patrimonio o del reddito.

Queste annotazioni le scriviamo seguendo particolari **regole di forma e sintassi**. Alcune di queste regole sono imposte dalle leggi, altre sono nate per uso convenzionale.

Possiamo pertanto dire che **la Contabilità è un linguaggio per descrivere i fatti che modificano l'azienda dal punto di vista del patrimonio e del reddito.**

Attraverso questo linguaggio produciamo delle **registrazioni** contabili, dette **scritture.**

La contabilità Generale

La contabilità generale è un insieme di scritture contabili tra loro coordinate riguardanti l'intero complesso dei valori finanziari ed economici generati dai fatti di gestione. La contabilità generale ha per oggetto la sistematica rilevazione dei **fatti esterni di gestione** allo scopo di determinare **il risultato d'esercizio e il patrimonio di funzionamento.**

I fatti esterni di gestione sono:
- **modificativi** se influiscono sia sull'aspetto economico che su quello finanziario.

- **permutativi** se influiscono solo sull'aspetto finanziario.

I classici fatti esterni di gestione:
- **acquisto** di fattori produttivi: rileviamo un costo e un debito;
- **pagamento**: chiudiamo il debito e registriamo una uscita di denaro;
- **vendita** di prodotti/servizi: rileviamo un ricavo e un credito;
- **incasso**: chiudiamo il credito e registriamo una entrata di denaro;
- **versamento** di denaro contante in banca: registriamo una entrata di denaro in banca.

I valori aziendali

Distinguiamo i valori aziendali in due gruppi:
1) valori **finanziari**
2) valori **economici**

I valori **finanziari** sono espressi in moneta, non devono essere valutati. Sono valori finanziari:
- denaro in cassa, in banca o in posta
- valori bollati presenti in cassa;
- i crediti;
- i debiti;
- i ratei.

I valori **economici** non sono espressi immediatamente in moneta; sono frutto di una valutazione. Ad esempio un automezzo, un fabbricato, le materie prime acquistate sono oggetto di una valutazione per determinarne il prezzo. C'è alla base un accordo su quale prezzo (valore numerico) attribuire ad un bene o a un servizio.

I valori **economici** sono di due tipi:
1) **di reddito**: costi e ricavi
2) **di patrimonio**: costi pluriennali e patrimonio netto

Facciamo alcuni esempi:
l'acquisto di materie prime per la lavorazione è un valore economico di reddito (costo). L'acquisto di un macchinario utile per la produzione è un valore economico di patrimonio (costo pluriennale, attivo).
L'apporto di denaro da parte dell'imprenditore o dei soci per costituire o ampliare l'impresa è un valore economico di patrimonio netto.

Esempi di Costi
- Acquisto merci (o Merci c/acquisti)
- Energia elettrica
- Costi di trasporto
- Salari e Stipendi
- Oneri sociali
- Manutenzioni e riparazioni
- Assicurazioni
- Spese bancarie
- Costi per servizi vari
- Interessi passivi bancari
- Interessi passivi v/fornitori
- Resi su vendite

Esempi di Ricavi
- Vendita di merci (o Merci c/vendite)
- Prestazioni di servizi
- Interessi attivi bancari
- Interessi attivi da clienti
- Sconti attivi
- Resi su acquisti

PATRIMONIO	
ATTIVITA'	**PASSIVITA'**
Valori economici di patrimonio (costi pluriennali):	**Valori economici di patrimonio:** Patrimonio netto
fabbricati, automezzi, macchinari, risconti. Valori Finanziari: denaro in cassa, banca, posta, crediti, debiti, ratei	**Valori Finanziari:** Debiti

Regole fondamentali sulle variazioni

I **valori finanziari** possono subire Variazioni Finanziarie Attive (V.F.A.) oppure Variazioni Finanziarie Passive (V.F.P.). I **valori economici** (sia di reddito che di patrimonio) possono subire Variazioni Economiche Negative (V.E.N.). oppure Variazioni Economiche Positive (V.E.P.).

1. Lavoriamo su un quadro diviso in due sezioni (colonne): sinistra e destra.
2. Le **V.F.A.** e le **V.E.N.** si scrivono a **sinistra**.
3. Le **V.F.P.** e le **V.E.P.** si scrivono a **destra**.

Sezione di Sinistra   Sezione di Destra

    V.F.A.   **V.F.P.**
    V.E.N.   **V.E.P.**

4. Gli importi delle variazioni vengono scritti sempre con segno positivo.
5. Per effettuare la riduzione (rettifica) di un valore già registrato in precedenza NON inseriamo l'importo con segno negativo ("-", meno) ma lo scriviamo nella sezione opposta (variazione opposta). Vedi di seguito esempi di incasso fattura (crediti) o pagamento fattura (debiti).
6. Il totale delle due sezioni (colonne) deve "quadrare", vale a dire deve essere uguale.

Le variazioni nei valori finanziari

I **valori finanziari** possono subire V.F.A. oppure Variazioni Finanziarie Passive (V.F.P.). **Sono variazioni che avvengono nel patrimonio.**

Una **V.F.A.** può essere una Entrata di denaro in Cassa o in Banca, la nascita di un credito in seguito all'emissione di una fattura o anche il pagamento di un Debito.
Il **Debito** che viene pagato è una VFA perché quella parte di debito non c'è più, pertanto questo fatto viene interpretato come un qualcosa di Attivo: diminuiscono i debiti (-Debiti).
Al momento dell'emissione della fattura di vendita nasce un Credito verso il cliente, aumentano i Crediti (+Crediti).

Una **V.F.P.** può essere una Uscita di denaro dalla Cassa o dalla Banca, la nascita di un Debito in seguito ad una fattura ricevuta o anche l'incasso di un Credito.

Il Credito quando nasce è una V.F.A. (+Crediti). Il credito incassato invece è una V.F.P. in quanto il credito non esiste più, è stato chiuso. Questo viene interpretato come un fatto Passivo: sono diminuiti i crediti (-Crediti).

Per un **Debito** che si chiude (VFA -Debiti) c'è una contropartita corrispondente: una uscita di banca o di cassa (+Uscite) o la compensazione con un Credito (-Crediti).
Ad un **-Debiti** pertanto può corrispondere un **+Uscite** o un **-Crediti** (compensazione tra credito e debito).

Esempio: Luisa ha un debito di € 100,00 con Fabio. Luisa paga il debito:

V.F.A.   **V.F.P.**
-Debiti 100,00   +Uscite 100,00

Per Luisa diminuiscono i Debiti (VFA) ma aumentano le Uscite (VFP).

Luisa ha un debito di € 100,00 con Fabio. Ma Luisa ha anche un Credito di € 20,00 con Fabio. Luisa paga a Fabio la differenza, vale a dire € 80,00.

Nella contabilità di Luisa:

V.F.A.	V.F.P.
-Debiti 100,00	-Crediti 20,00
	+Uscite 80,00
-	

Il debito di Luisa è diminuito di € 100,00 (VFA). Il credito verso Fabio è diminuito di € 20,00, non esiste più (VFP). Le Uscite di Luisa sono aumentate di € 80,00 (VFP) Sommando 20 + 80 otteniamo 100 (il totale del Debito). Il totale delle due colonne quadra. L'operazione è perfetta! Il Debito di Luisa è stato pagato, in parte con un'uscita in parte sfruttando (compensando) il credito che aveva verso Fabio.

Per un **Credito** che si chiude (VFP, -Crediti) c'è una contropartita corrispondente: una entrata in banca o in cassa (+Entrate), oppure la compensazione con un Debito (-Debiti).

Ad un **-Crediti** pertanto può corrispondere un **+Entrate** o un **-Debiti** (compensazione tra credito e debito).

Esempio: Fabio ha un credito di € 100,00 verso Luisa. Ma Fabio ha anche un Debito di € 20,00 con Luisa. Fabio incassa da Luisa la differenza, vale a dire € 80,00.

Nella contabilità di Fabio:

V.F.A.	V.F.P.
+Entrate 80,00	-Crediti 100,00
-Debiti 20,00	

Sommando 20 + 80 otteniamo 100 (il totale del Credito). Il totale delle due colonne quadra. L'operazione è perfetta! Il Credito di Fabio è stato incassato, in parte con un'entrata in parte compensando il debito che aveva verso Luisa.

Riassumendo le Variazioni Finanziarie:

Un valore finanziario subisce una **V.F.A.** nei seguenti casi:
- nascita di un Credito (+Crediti);
- entrata di denaro (+Entrate);
- chiusura di un Debito (-Debiti).

Un valore finanziario subisce una **V.F.P.** nei seguenti casi:
- nascita di un Debito (+Debiti);
- uscita di denaro (+Uscite);
- chiusura di un Credito (-Crediti).

VALORE FINANZIARIO	V.F.A.	V.F.P.
+ Crediti	X	
+ Entrate	X	
- Debiti	X	
- Crediti		X
+ Uscite		X
+ Debiti		X

Le variazioni nei valori economici

I **valori economici**, siano essi di reddito o di patrimonio possono subire Variazioni Economiche Negative (V.E.N.). oppure Variazioni Economiche Positive (V.E.P.). **Sono variazioni che avvengono nel Reddito.**
Una **V.E.N.** può essere un acquisto di merci o di un servizio (Costo), oppure la diminuzione (rettifica) di un valore economico precedentemente segnato come positivo (-Ricavi). Può nascere l'esigenza di rettificare un valore economico in seguito ad un reso o per attribuire la giusta competenza. Argomenti trattati nella prosecuzione del manuale.
Quando riceviamo una fattura di un acquisto, oltre alla nascita del Debito, si registra anche un Costo.
Esempio: acquistiamo € 100,00 (ipotizziamo senza calcolo IVA).

Nel patrimonio registriamo un aumento di Debiti (VFP, +Debiti). Nel reddito registriamo un aumento di Costi (VEN, +Costi)

V.E.N.   **V.F.P.**
+Costi 100,00   +Debiti 100,00

Una **V.E.P.** può essere una vendita di merci o una prestazione di servizi (Ricavo), oppure la diminuzione di un valore economico precedentemente segnato come negativo (-Costi).

Riassumendo le Variazioni Economiche:

Un valore economico subisce una **V.E.N.** nei seguenti casi:
- registrazione di un Costo (+Costi);
- diminuzione di un Ricavo (-Ricavi).

Un valore economico subisce una **V.E.P.** nei seguenti casi:
- registrazione di un Ricavo (+Ricavi);
- diminuzione di un Costo (-Costi).

VALORE ECONOMICO	V.E.N.	V.E.P.
+ Costi	X	
- Ricavi (rettifica di un ricavo)	X	
- Costi (rettifica di un costo)		X
+ Ricavi		X

Processo di registrazione di un fatto di gestione

Osserviamo i fatti di gestione sotto due aspetti:
1) **Aspetto originario** rileva sempre una variazione finanziaria.
2) **Aspetto derivato** rileva una variazione finanziaria di segno opposto alla precedente o una variazione economica, oppure entrambe.

Alcuni esempi per chiarire i concetti visti fino a questo momento. Per semplicità, negli esempi seguenti non consideriamo ancora il calcolo dell'IVA.

Esempio n. 1 Versamento di denaro in banca

Fatto di gestione: Abbiamo € 500,00 in cassa e li portiamo in banca.

Aspetto originario: rileviamo un aumento di denaro sul conto corrente bancario.

Aspetto derivato: perché c'è stato questo aumento di denaro in banca? Abbiamo avuto una uscita di denaro dalla cassa.

In questo caso l'aspetto derivato consiste in una variazione finanziaria di segno opposto a quella dell'aspetto originario.

V.F.A.	V.F.P.	Importi	
+Entrate in banca		500,00	
	+Uscite di cassa		500,00

Il prelievo di denaro dalla banca con il versamento in cassa funziona allo stesso modo, con le variazioni invertite

V.F.A.	V.F.P.	Importi	
+Entrate in cassa		500,00	
	+Uscite di banca		500,00

Esempio n. 2 – Acquisto merci

Fatto di gestione: Acquistiamo merce per € 500,00. Pagamento a 30 giorni.

Aspetto originario: dobbiamo individuare subito la variazione finanziaria. In questo caso abbiamo un aumento dei Debiti verso fornitori per € 500,00, quindi una VFP.

Aspetto derivato: al momento non abbiamo altre variazioni finanziare (ipotizziamo non ci sia l'IVA). Abbiamo quindi un aspetto economico che chiamiamo Acquisto Merci (o Merci c/acquisti).

V.F.A.	V.F.P.	Importi	
+ costi per acquisto merci		500,00	
	+Debiti v/fornitori		500,00

Esempio n. 3 – Pagamento fattura di acquisto

Fatto di gestione: Paghiamo € 500,00 del Debito v/fornitori dell'esempio precedente. Il pagamento avviene metà in denaro contante e metà tramite assegno bancario.

Aspetto originario: abbiamo una VFP nei Crediti in quanto riscontriamo una diminuzione dei Crediti v/clienti pari al totale € 800,00.

Aspetto derivato: in questo caso abbiamo due VFP, una per l'uscita di denaro dalla Cassa e l'altra aver trasformato una parte del debito v/fornitori in un Assegno

V.F.A.	V.F.P.	Importi	
-Debiti v/fornitori		500,00	
	+Uscite di cassa		250,00
	+Uscite di banca		250,00

Esempio n. 4 – Vendita merci

Fatto di gestione: Vendiamo merce per € 800,00. Pagamento a 30 giorni.

Aspetto originario: dobbiamo individuare subito la variazione finanziaria. In questo caso abbiamo un aumento dei Crediti verso clienti per € 800,00, quindi una VFA.

Aspetto derivato: al momento non abbiamo altre variazioni finanziare (ipotizziamo non ci sia l'IVA). Abbiamo quindi un aspetto economico che chiamiamo Vendita Merci (o Merci c/vendite).

V.F.A.	V.F.P.	Importi	
+Crediti v/clienti		800,00	
	+Ricavi per vendita merci		800,00

Esempio n. 5 - Incasso fattura di vendita

Fatto di gestione: Incassiamo € 800,00 del Credito v/clienti dell'esempio precedente. L'incasso avviene metà in denaro contante e metà tramite bonifico bancario.

Aspetto originario: abbiamo una VFP nei Crediti in quanto riscontriamo una diminuzione dei Crediti v/clienti pari al totale € 800,00.

Aspetto derivato: in questo caso abbiamo due VFA, una per l'entrata di denaro in Cassa e l'altra per la Banca

V.F.A.	V.F.P.	Importi	
+Entrate in cassa		400,00	
+Entrate in banca		400,00	
	-Crediti v/clienti		800,00

Arrivati a questo punto, capito il funzionamento delle variazioni, il passaggio ad effettuare le registrazioni contabili usando il metodo della Partita Doppia è veramente a portata di mano.

Concetti fondamentali della Partita Doppia (P.D.)

La Partita Doppia è il metodo di tenuta della Contabilità Generale. Consiste nella registrazione delle variazioni che avvengono nei valori economici e finanziari.
Le registrazioni vengono scritte su un registro contabile chiamato **Libro Giornale**.

Ogni valore è rappresentato da un nome: il Conto.
Il **Conto** è l'unità di base della contabilità generale secondo il metodo della Partita Doppia.

I conti a seconda della loro natura si dividono in due categorie:
1. **Conti finanziari** o numerari (ospitano valori finanziari).
2. **Conti economici** (ospitano valori economici).

Ogni conto ha:
- Un **codice**, utile per la contabilità automatizzata
- Una **denominazione** ad esempio Banca, Cassa, Crediti v/clienti, Debiti v/fornitori, Acquisto merci, Vendita Merci ecc
- Due **sezioni** (colonne). Una sezione chiamata DARE ed una sezione chiamata AVERE
- La sezione **DARE** è sempre a **sinistra**.
- La sezione **AVERE** è sempre a **destra**.
- La differenza tra la sezione Dare e la sezione Avere di ogni conto prende il nome di ECCEDENZA (Saldo).

CONTO XYZ	
SEZIONE	SEZIONE
DARE	AVERE

La regola di registrazione delle variazioni in P.D.

Dal **punto di vista dei conti (valori) finanziari**, la colonna nella quale registriamo le Variazioni Finanziare Attive (VFA) è la colonna **DARE**.
La colonna nella quale registriamo le Variazioni Finanziarie Passive (VFP) è la colonna **AVERE**.

Dal **punto di vista dei conti (valori) economici**, la colonna nella quale registriamo le Variazioni Economiche Negative (VEN) è la colonna DARE.
La colonna nella quale registriamo le Variazioni Economiche Positive (VEP) è la colonna AVERE

CONTI FINANZIARI		CONTI ECONOMICI	
DARE	AVERE	DARE	AVERE
Variazioni	Variazioni	Variazioni	Variazioni
Finanziarie	Finanziarie	Economiche	Economiche
Attive	Passive	Negative	Positive
+ Entrate	+ Uscite	+ Costi	+ Ricavi
+ Crediti	+ Debiti	- Ricavi	- Costi
- Debiti	- Crediti		

Gli strumenti della Partita Doppia

Gli strumenti fondamentali per tenere la contabilità in partita doppia sono due:
1) Il Piano dei Conti
2) Il Libro Giornale

Il **Piano dei Conti** è un documento che contiene l'elenco di tutti i conti utilizzati dall'azienda per rilevare i fatti di gestione.
Il **Libro Giornale** è il documento sul quale registriamo cronologicamente i fatti di gestione sotto forma di scritture, dette anche **articoli in partita doppia**.

Gli articoli in Partita Doppia

Sul libro giornale scriviamo:
- Il numero della registrazione
- la data della registrazione
- il nome dei conti movimentati
- gli importi in DARE o in AVERE a seconda del tipo di variazione.
- La causale: una descrizione libera per identificare il fatto di gestione.

Le forme principali di articoli in partita doppia sono due: una relativa alla tenuta manuale della contabilità ed una nel caso di contabilità tenuta con un software. Nel secondo caso il libro giornale viene stampato.

Le registrazioni secondo la forma tradizionale

Alcuni esempi:

a) Articolo con due conti, uno in Dare e uno in Avere

N.1 ----------------- gg/mm/aa-----------------
    Conto DARE   a   Conto AVERE   .... | .....

Esempio: prelievo dalla Cassa e versamento in Banca
Banca subisce una VFA + Entrate in DARE
Cassa subisce una VFP + Uscite in AVERE

N.1 ----------------- 09/08/2016-----------------
    Banca x c/c   a   Cassa   500,00 | 500,00
    Versamento contante in banca

b) Articolo con diversi (#) conti in Dare e uno in Avere

N.2 ----------------- gg/mm/aa-----------------
         #   a   Conto Avere   .....
    Conto 1 Dare   ....
    Conto 2 Dare   ....
    ...   .

21

Esempio: incassiamo un credito v/cliente metà con Banca e metà con denaro contante in cassa
Crediti v/clienti subisce una VFP -Crediti in AVERE
Cassa e Banca subiscono entrambi una VFA +Entrate in DARE

N.2	------------------- 09/08/2016-------------------				
	#	a	Crediti v/clienti		800,00
	Cassa			400,00	
	Banca			400,00	
	Incassato ns. fattura n. xx				
	--				

c) Articolo con un Conto in Dare e diversi (#) in Avere

N.3	------------------- 09/08/2016-------------------				
	Conto Dare	a	#	....	
		a	Conto 1 Avere		......
		a	Conto 2 Avere		......
			...		......
	--				

Esempio: pagamento di un debito v/fornitori metà con Banca e metà con denaro contante dalla cassa
Debiti v/fornitori subisce una VFA -Debiti in DARE
Cassa e Banca subiscono entrambi una VFP +Uscite AVERE

N.3	------------------- 09/08/2016-------------------				
	Debiti v/fornitori	a	#	600,00	
		a	Banca		300,00
		a	Cassa		300,00
	Pagato ft fornitore protocollo n. xx				
	--				

d) Articolo con diversi (#) in DARE e diversi (#) in AVERE

N.4	------------------- gg/mm/aa-------------------				
	#	a	#		
	Conto 1 Dare			.....	
	Conto 2 Dare			.....	
	...			.....	
		a	Conto 1 Avere		.....
		a	Conto 2 Avere		.....
			....		.....
	--				

Esempio: emettiamo una fattura ad un cliente con la merce 100, IVA 22, Totale fattura sarebbe 122. Però dobbiamo scalare un anticipo di 30 pagato precedentemente dal cliente.

Crediti v/cliente subisce una VFA +Crediti in DARE
Cliente c/acconti subisce una VFP -Debiti in DARE
Vendita merce subisce una VEP +Ricavi in AVERE
Iva su vendite subisce una VFP +Debiti in AVERE

```
N.4    ------------------ 09/08/2016------------------
          #         a          #
    Crediti v/cliente                      92,00
    Cliente c/acconti                      30,00
              a   Vendita merce                     100,00
              a   Iva su vendite                      22,00
    Emessa fattura n. xx
    ------------------------------------------------------
```

Quest'ultimo esempio è particolarmente complesso: deriva da un ragionamento relativo al funzionamento dell'IVA e degli acconti.

Le registrazioni secondo la forma automatizzata (stampa del libro giornale). Riprendiamo gli esempi precedenti.

N..	Data	Conto	DARE	AVERE
1	9/8/16	Banca x c/c	500,00	
1	9/8/16	Cassa		500,00
		Versamento contante in banca		

N.	Data	Conto	DARE	AVERE
2	9/8/16	Banca x c/c	400,00	
2	9/8/16	Cassa	400,00	
2	9/8/16	Crediti v/clienti		800,00
		Incasso ns fattura n xx		

N.	Data	Conto	DARE	AVERE
3	9/8/16	Debiti v/fornitori	800,00	
3	9/8/16	Banca x c/c		400,00
3	9/8/16	Cassa		400,00
		Pagato fattura fornitore protocollo n. xx		

N.	Data	Conto	DARE	AVERE
4	9/8/16	Crediti v/cliente	92,00	
4	9/8/16	Cliente c/acconti	30,00	
4	9/8/16	Vendita merci		100,00
4	9/8/16	Iva su vendite		22,00
		Emessa fattura n. xx		

Piano dei conti

Ogni azienda dispone di diversi conti che, nel loro insieme, formano il **piano dei conti**. Esso varia in funzione del **tipo di azienda** (azienda individuale o società) e della **natura dell'attività** esercitata (attività commerciale, industriale, di servizi).

Una sommaria esemplificazione

DARE	AVERE
Attività	**Passività**
Fabbricati	F.do amm. Fabbricati
Attrezzature commerciali	F.do amm. Attrezz. Comm.
Automezzi	F.do amm. Automezzi
Macchine d'ufficio	F.do amm. Macc. D'ufficio
Arredamento	F.do amm. Arredamento
Crediti v/clienti	F.do sval. Crediti
Cambiali attive	F.do rischi su crediti
Crediti commerciali diversi	Debiti per TFR
Denaro in cassa	Debiti v/fornitori
Assegni	Cambiali passive
C/c postali	Mutui passivi
Banca	Debiti per IVA
Merci	Debiti v/Istituti previd.
Ratei attivi	Debiti per ritenute da versare
Risconti attivi	Ratei passivi
Erario c/ritenute subite	Risconti passivi
Imposte c/acconto	Debiti per imposte
Iva su acquisti (ns/credito)	Iva su vendite (ns/debito)

DARE	AVERE
Costi	**Ricavi**
Merci c/esistenza inziali	Merci c/vendite
Resi su vendite	Resi su acquisti
Merci c/acquisti	Ribassi e abbuoni attivi
Salari e Stipendi	Interessi attivi da clienti
Oneri sociali	Merci c/rimanenze finali
Costi per energia	Interessi attivi postali
Costi di trasporto	
Costi telefonici	
Consulenze	
Interessi passivi a fornitori	
Fitti passivi	
Assicurazioni	
Interessi passivi bancari	
Interessi passivi su mutui	
Perdite su crediti	
Svalutazione crediti	
TFR	
Amm.Fabbricati	
Amm. Attrezz. Commerciali	
Amm.Macc.Uff	
Amm. Arredamento	
Amm. Automezzi	
Imposte d'esercizio	

Campo di azione della Partita Doppia

I fatti di gestione registrabili in Partita Doppia sono molteplici. In genere, essi possono essere classificati secondo il **momento** in cui avvengono e in base al **significato** che rivestono:

Gestione ordinaria (durante tutto l'esercizio)
- Costituzione azienda.
- Acquisto prodotti e servizi.
- Incassi da clienti.
- Vendita prodotti.
- Pagamenti a fornitori.
- Giroconti vari (prelevamenti, versamenti, cambiali).
- Resi su acquisti e vendite.
- Spese di gestione (energia, cancelleria, telefono, etc..)
- Salari e stipendi (operai, impiegati).
- Finanziamenti bancari.

Assestamento (31/12)
- Completamento (interessi, fatture sospese).
- Integrazioni (ratei attivi e passivi).
- Rettifiche (risconti attivi e passivi).
- Ammortamenti (dei fattori pluriennali).
- Accantonamenti (ai vari fondi: rischi, T.F.R., etc..).
- Valutazione delle rimanenze finali (merci).

Chiusura (31/12)
- Chiusura (epilogo) **costi** e **ricavi** al **Conto Economico**
- Rilevamento del **risultato economico** (utile/perdita).
- Chiusura **attività** e **passività** a **Stato Patrimoniale**.

Riapertura (1/1)
- Riapertura dello Stato Patrimoniale.
- Sistemazione risconti dell'anno precedente.
- Sistemazione rimanenze dell'anno precedente.

I movimenti con IVA

Ricevimento di fattura per acquisto merci

Quando l'azienda acquista delle merci o riceve dei servizi sostiene un **costo** (aspetto **economico**) e contrae un **debito** (aspetto **finanziario**) nei confronti del fornitore.

L'azienda che acquisto ha l'obbligo di pagare, oltre al prezzo di acquisto, anche l'IVA. Tale importo non è un costo bensì un **Credito**. Dunque, il conto **Iva su acquisti** non è un conto economico bensì un **conto finanziario**.

Il fatto di gestione viene così analizzato e registrato

Debiti v/fornitori V.F.P. +Debiti   **AVERE**

Merci c/acquisti V.E.N. +Costi   **DARE**

Iva su acquisti V.F.A. +Crediti   **DARE**

-------------------- 09/08/2016------------------				
#	a	Debiti v/fornitori		122.000,00
Merci c/acquisti			100.000,00	
Iva su acquisti			22.000,00	
Fattura ricevuta Prot. N. xxx				
--				

La registrazione può essere così spiegata:

1. **Merci c/acquisti** in DARE perché è un conto **economico** che esprime il **costo** (senza IVA);
2. **IVA su acquisti** in DARE perché è un conto **finanziario** che esprime il **credito** verso lo Stato per l'IVA pagata sul prodotto acquistato;
3. **Debiti v/fornitori** in AVERE perché è un conto **finanziario** che esprime il **debito** verso il fornitore per l'importo totale della **fattura ricevuta** (con IVA).

Emissione di fattura per vendita merci

Il ragionamento è analogo, sebbene speculare rispetto all'acquisto. L'azienda vende una merce e ha diritto, oltre al prezzo di vendita, anche all'IVA ma tale importo non spetta all'azienda per cui non è un ricavo bensì un **Debito**. Dunque, il conto **Iva su vendite** non è un conto economico bensì un **conto finanziario**.

```
------------------- 09/08/2016-------------------
Crediti v/clienti    a          #         183.000,00
                          Merci c/vendite              150.000,00
                          Iva su vendite                33.000,00
Emessa fattura n. xxx del...
------------------------------------------------------
```

Una tale registrazione può essere così spiegata:

1. **Merci c/vendite** in AVERE perché è un conto **economico** che esprime il **ricavo** (senza IVA);
2. **IVA su vendite**: in AVERE perché è un conto **finanziario** che esprime il **debito** verso lo Stato per l'IVA incassata sul prodotto venduto;
3. **Crediti v/clienti** in DARE perché è un conto **finanziario** che esprime il **credito** verso il cliente. Corrisponde all'importo totale della **fattura emessa** (con IVA).

Libro giornale stampato (contabilità automatizzata)

Data	Conto e descrizione	DARE	AVERE
9/8/16	Merci c/acquisti	100.000,00	
9/8/16	Iva su acquisti	22.000,00	
9/8/16	Debiti v/fornitori		122.000,00
	Ricevuta ft. N. xxx		
9/8/16	Crediti v/clienti	183.000,00	
9/8/16	Merci c/vendite		150.000,00
9/8/16	Iva su vendite		33.000,00
	Emessa ft. N. xxx		

I mastrini relativi alle operazioni di acquisto e vendita precedenti.

Iva su acquisti		Iva su vendite	
D	A	D	A
22.000,00			33.000,00

Merci c/acquisti		Merci c/vendite	
D	A	D	A
100.000,00			150.000,00

Crediti v/clienti		Debiti v/fornitori	
D	A	D	A
183.000,00			122.000,00

Il meccanismo dell'IVA deducibile

Per l'azienda l'IVA normalmente è **deducibile** nel senso che l'azienda, quando **paga** l'IVA su un prodotto che acquista, va a **credito** verso lo Stato (l'Erario) perché è "come se" avesse sostenuto un costo che non doveva sostenere mentre quando **incassa** l'IVA su un prodotto che vende va a **debito** verso lo Stato (l'Erario) perché è "come se" avesse ottenuto dei soldi che, però, non le spettano. Periodicamente (mensilmente o trimestralmente) l'azienda confronta l'IVA a credito con l'IVA a debito e versa la differenza allo Stato (Erario).

In sintesi, l'azienda versa allo Stato la **differenza tra l'IVA che paga acquistando la merce e l'IVA che incassa vendendo la merce.**

Esempio:

ACQUISTO MERCE	
Valore merce acquistata	€ 100.000,00
IVA pagata	€ 22.000,00
Debito v/fornitore	€ 122.000,00
VENDITA MERCE	
Valore merce venduta	€ 150.000,00
IVA incassata	€ 33.000,00
Credito v/cliente	€ 183.000,00

Confronto tra le due posizioni IVA dell'azienda

L'azienda è a credito di IVA per € **22.000,00** perché pagò tale somma acquistando. Infatti l'iva su acquisti viene detta anche Iva ns/credito.

L'azienda è a debito di IVA per € **33.000,00** perché incassò tale somma vendendo. Infatti l'iva sulle vendite viene anche detta Iva ns/debito.

L'azienda deve versare allo Stato (Erario) € **11.000,00**, vale a dire la differenza tra IVA pagata (su acquisti) e IVA incassata (su vendite).

Iva su acquisti		Iva su vendite	
D	A	D	A
22.000,00			33.000,00

IVA: la resa dei conti!

A questo punto l'azienda ha questa situazione IVA. L'azienda ha pagato € 22.000 che "non doveva" pagare e ha incassato € 33.000 che "non doveva" incassare per cui dovrà versare la **differenza,** cioè € 11.000, allo Stato. Tale versamento sarà **mensile** o **trimestrale** a seconda del volume di affari.

La considerazione finale è che, per l'azienda, l'IVA non è un costo e non è un ricavo ma solo un debito e un credito.

Per il consumatore finale, che non può dedurre in quanto non rivende a sua volta la merce, l'IVA è, invece, un costo..

La liquidazione IVA

Consiste nel determinare la posizione dell'azienda nei confronti dell'Erario come conseguenza della **compensazione dei debiti e dei crediti** che l'azienda ha nei suoi confronti in seguito alle operazioni di acquisto e vendita gravate da IVA.

In pratica:
- l'azienda ha un **credito** verso l'Erario per l'IVA pagata sugli **acquisti**. Tale credito è espresso dal valore in **Dare** del conto **IVA su acquisti**.
- l'azienda ha un **debito** verso l'Erario per l'IVA incassata sulle **vendite**. Tale debito è espresso dal valore in **Avere** del conto **IVA su vendite**.
- Anziché incassare il credito e pagare il debito, l'azienda compensa le due posizioni e paga solo la differenza. Tecnicamente la liquidazione consiste dunque nel **chiudere i conti IVA** su acquisti e IVA su vendite facendoli confluire ad un conto riassuntivo denominato **Erario C/IVA** che si comporta come Credito o Debito.

-------------------- 15/09/2016-----------------			
Iva ns/debito a #	33.000,00		
Iva ns/credito		22.000,00	
Erario c/iva		11.000,00	
Liquidazione IVA mese di agosto			
--			

IVA su acquisti, funzionante in Dare, chiude in Avere
IVA su vendite, funzionante in Avere, chiude in Dare
Erario c/iva accoglie la differenza tra Iva su vendite e Iva su acquisti.
Se **Iva su vendite > di Iva su acquisti** allora Erario c/Iva verrà scritto in Avere perché è un Debito.

Se **Iva su acquisti > di Iva su vendite** allora Erario c/Iva verrà scritto in Dare perché è un Credito.
Si procede a rilevare il pagamento del debito IVA

Libro giornale stampato (contabilità automatizzata)

Data	Conto e descrizione	DARE	AVERE
15/9/16	Iva su vendite	33.000,00 (a)	
15/9/16	Iva su acquisti		22.000,00 (b)
15/9/16	Erario c/iva		11.000,00 (c)
	Liquidazione IVA		
15/9/16	Erario c/iva	11.000,00 (d)	
15/9/16	Banca x c/c		11.000,00 (e)
	Pagato F24		

La situazione riassuntiva nei mastrini

IVA SU ACQUISTI	
D	A
22.000,00	22.000,00 (b)
saldo conto	chiusura

IVA SU VENDITE	
D	A
33.000,00 (a)	33.000,00
chiusura	saldo conto

ERARIO C/IVA	
D	A
11.000,00 (d)	11.000,00 (c)
Chiusura	Debito

BANCA X C/C	
D	A
	11.000,00 (e)
	uscita

I resi sugli acquisti e sulle vendite

Per vari motivi può capitare che il materiale venduto/acquistato venga restituito. Se siamo i compratori e restituiamo del materiale acquistato allora ci troviamo di fronte ad un **reso su acquisti** invece se siamo i venditori e ci viene restituito del materiale dal nostro cliente (compratore) ci troviamo di fronte ad un **reso su vendite**.

I **Resi su acquisti** sono uno storno (rettifica) di un costo precedentemente sostenuto per l'acquisto delle merci. Il conto pertanto funziona come se fosse un "ricavo", lo registriamo in **Avere**. Contestualmente andiamo a registrare l'IVA sugli acquisti in Avere e il Debito verso fornitore in Dare per rettificare i loro valori.

I **Resi sulle vendite** funzionano come se fossero un "costo" in **Dare**. Contestualmente registriamo l'**IVA sulle vendite** in **Dare** e il **Credito v/clienti** in **Avere** per rettificare i loro valori.

Riprendiamo l'esempio di acquisto e vendita merci delle pagine precedenti.

La nostra azienda subisce un **Resi su vendite** di merce difettosa pari a €10.000,00. Ci viene restituito il materiale venduto.

Il **Crediti v/clienti** diminuisce di 12.200,00 (VFP -Crediti).

L'**IVA su vendite** (Iva a ns/debito) diminuisce di 2.200,00 (VFA -Debiti). Per questo motivo la troviamo in Dare.

I **resi su vendite** (VEN -Ricavi) aumentano di 10.000,00.

Data	Conto e descrizione	DARE	AVERE
28/8/16	Resi su vendite	10.000,00	
28/8/16	Iva su vendite	2.200,00	
28/8/16	Crediti v/clienti		12.200,00
	Nota debito N. xxx		

RESI SU VENDITE		CREDITI V/CLIENTI	
D	A	D	A
10.000,00			12.200,00

IVA SU VENDITE	
D	A
2.200,00	

La nostra azienda ottiene un **Resi su acquisti** di € 8.000,00. Restituiamo del materiale acquistato.

Il conto **Debiti v/fornitori** diminuisce di 9.760,00 (VFA -Debito).

L'IVA su acquisti (Iva a ns/credito) diminuisce di 1.760,00 (VFP -Credito). Per questo motivo la troviamo in Avere.
I **Resi su acquisti** (VEP -Costi) aumentano di 8.000,00.

Data	Conto e descrizione	DARE	AVERE
28/8/16	Debiti v/fornitori	9.760,00	
28/8/16	Resi su acquisti		8.000,00
28/8/16	Iva su acquisti		1.760,00
	Nota credito N. xxx		

DEBITI V/FORNITORI		RESI SU ACQUISTI	
D	A	D	A
9.760,00			8.000,00

IVA SU ACQUISTI	
D	A
	1.760,00

Incassi e pagamenti fatture

Si parla di incassi in riferimento alle fatture di vendita e di pagamenti in riferimento alle fatture di acquisto (regolamento fatture di acquisto e vendita). Gli incassi/pagamenti si possono classificare in base:
- al tempo in: **anticipati, immediati, posticipati**
- al mezzo in: contanti, assegno, bonifico, cambiale, ricevuta bancaria (Ri.Ba.)

Per gli incassi/pagamenti immediati e posticipati si effettua una normale registrazione di chiusura credito o debito con relativa entrata o uscita di denaro.

Il ragionamento si complica leggermente quando ci troviamo di fronte agli incassi/pagamenti anticipati.

Gli incassi/pagamenti anticipati danno origine ad un acconto che può derivare "da clienti" quando si tratta di una vendita oppure "verso fornitori" quando si tratta di un acquisto; entrambi con incasso/pagamento prima della consegna o della prestazione del servizio.

Anticipo da Cliente

Per l'anticipo da cliente utilizziamo il conto **Clienti c/acconti**. Nasce in AVERE come se fosse un **debito** (abbiamo ricevuto dei soldi dal cliente ma non abbiamo ancora consegnato la merce o prestato il servizio) e rileviamo l'**entrata** di denaro in DARE.

Ipotizziamo di ricevere un anticipo da un cliente per € 500,00 Iva compresa relativo una fornitura di merce € 1.500,00 + IVA

Emettiamo **la fattura per l'acconto** ricevuto e la registriamo in PD con il relativo **incasso immediato**

Data	Conto e descrizione	DARE	AVERE
3/9/16	Crediti v/clienti	500,00	
3/9/16	Clienti c/acconti		409,84
3/9/16	Iva ns/debito		90,16
	Emessa ft. Acconto n. ..		
3/9/16	Banca x c/c	500,00	
3/9/16	Crediti v/clienti		500
	Incasso ft acconto		

L'acconto è stato registrato al netto dell'IVA (409,84 = 500*100/122)

Il conto Banca x c/c subisce una V.F.A. (entra del denaro in banca);

Il conto **Clienti c/acconti** è un conto finanziario, subisce una V.F.P. Abbiamo ricevuto soldi senza aver ancora dato la merce (o prestato il servizio). Nasce pertanto un debito verso il cliente.

Al momento dell'emissione della **fattura per la merce** venduta effettuiamo la seguente registrazione in PD:

```
-------------------- 30/09/2016------------------
        #            a          #
Crediti v/clienti                      1.330,00
Clienti c/acconti                       409,84
                 Merci c/vendite                    1.500,00
                 Iva ns/debito                        239,84
Fattura merce n. xxx
-------------------------------------------------
```

Data	Conto e descrizione	DARE	AVERE
30/09/16	Crediti v/clienti	1.330,00	
30/09/16	Clienti c/acconti	409,84	
30/09/16	Merci c/vendite		1.500,00
30/09/16	Iva ns/debito		239,84
	Fattura merce n. xxx		

Clienti c/acconti viene chiuso in DARE, subisce una V.F.A (viene chiuso un debito che avevamo verso il cliente) L'Iva viene calcolata su € 1.090,16 cioè sulla differenza tra importo merce **1.500,00 – 409,84** acconto netto ricevuto.

Incassiamo la fattura della merce dopo 30 giorni, pertanto **posticipato**.

Data	Conto e descrizione	DARE	AVERE
31/10/16	Banca x c/c	1.330,00	
31/10/16	Crediti v/clienti		1.330,00
	Incasso ns/ft. n. xxx		

"Le prove del nove"
- Il totale dell'IVA a debito su € 1.500,00 deve ammontare a € 330,00 euro. Se sommiamo l'IVA della fattura di acconto 90,16 con l'IVA della fattura merce 239,84 otteniamo 330,00 euro.
- Il totale dell'incasso deve ammontare a € 1.830,00 (1.500,00 di merce + 330,00 di IVA). Nel nostro caso abbiamo una fattura di € 500,00 (acconto) e una fattura di € 1.330,00 (merce). Il totale incassato è 1.830,00

Pertanto l'operazione "quadra", è completa, non abbiamo dimenticato nulla!

La dimostrazione con i mastrini.

CREDITI V/CLIENTI		IVA NS/DEBITO	
D	A	D	A
500,00			90,16
1.330,00			239,84
1.830,00			330,00
	500,00		
	1.330,00		
	1.830,00		

Anticipo verso fornitore

Per l'anticipo verso fornitore il ragionamento è speculare rispetto a quello elaborato per il cliente. Utilizziamo il conto **Fornitori c/acconti**. Nasce in DARE come se fosse un **credito** (abbiamo versato dei soldi al fornitore ma non abbiamo ancora ricevuto la merce o il servizio) e rileviamo l'**uscita** di denaro in AVERE.

Ipotizziamo di pagare in anticipo un fornitore per € 300,00 Iva compresa relativo ad una fornitura di merce per €1.000,00 + IVA.

Riceviamo **la fattura dell'acconto** pagato e la registriamo in PD con il relativo **pagamento immediato.**

Data	Conto e descrizione	DARE	AVERE
3/9/16	Fornitori c/acconti	245,90	
3/9/16	Iva ns/credito	54,10	
3/9/16	Debiti v/fornitori		300,00
	Ricevuta ft. Acconto...		
3/9/16	Debiti v/fornitori c	300,00	
3/9/16	Banca x c/c		300,00
	Pagata ft acconto		

- L'acconto è stato registrato al netto dell'IVA (245,90 = 300*100/122);
- Il conto Banca x c/c subisce una V.F.P. (esce del denaro in banca);
- Il conto **Fornitori c/acconti** subisce una V.F.A. (nasce un credito verso il fornitore).

Al momento del ricevimento della **fattura per la merce** acquistata effettuiamo la seguente registrazione in PD:

```
------------------- 30/09/2016-----------------
        #          a           #
Merci c/acquisti                      1.000,00
Iva ns/credito                          165,90
                Fornitori c/acconti              245,90
                Debiti v/fornitori               920,00
Fattura merce n. xxx
-----------------------------------------------
```

Data	Conto e descrizione	DARE	AVERE
30/09/16	Merci c/acquisti	1.000,00	
30/09/16	Iva ns/credito	165,90	
30/09/16	Fornitori c/acconti		245,90
30/09/16	Debiti v/fornitori		920,00
	Fattura merce n. xxx		

Fornitori c/acconti viene chiuso in AVERE, subisce una V.F.P (viene chiuso un credito che avevamo verso il fornitore).

L'Iva viene calcolata su € 754,10 cioè sulla differenza tra importo merce **1.000,00 – 245,90** acconto netto pagato.

Paghiamo la fattura della merce dopo 60 giorni, pertanto **posticipato**.

Data	Conto e descrizione	DARE	AVERE
30/11/16	Debiti v/fornitori	920,00	
30/11/16	Banca x c/c		920,00
	Pagata fattura		

"Le prove del nove"

- Il totale dell'IVA a debito su € 1.000,00 deve ammontare a € 220,00 euro. Se sommiamo l'IVA della fattura di acconto 54,10 con l'IVA della fattura merce 165,90 otteniamo 220,00 euro.
- Il totale del conto Debiti v/fornitori deve ammontare a € 1.220,00 (1.000,00 di merce + 220,00 di IVA). Nel nostro caso abbiamo una fattura di € 300,00 (acconto) e una fattura di € 920,00 (merce), il totale ammonta correttamente a € 1.220,00.

L'operazione "quadra", è completa, non abbiamo dimenticato nulla!

La dimostrazione con i mastrini.

DEBITI V/FORNITORI		IVA NS/CREDITO	
D	A	D	A
	300,00	54,10	
	920,00	165,90	
	1.220,00	220,00	
300,00			
920,00			
1.220,00			

La parcella

La parcella è la fattura emessa da un professionista (geometra, avvocato, consulente, notaio, ecc..)
L'**Onorario** è il compenso al professionista.
Sugli onorari calcoliamo il **contributo previdenziale** del 4%. L'Onorario sommato al contributo previdenziale forma la **base imponibile IVA**. Calcoliamo il totale parcella: sommiamo Imponibile e IVA.
La particolarità delle parcelle dei professionisti è quella della ritenuta d'acconto. La ritenuta d'acconto è una ritenuta fiscale, un acconto sulle imposte. La ritenuta viene calcolata sull'onorario e detratta dal totale parcella.

Parcella del commercialista del 5/03/2015	
Consulenza fiscale	1.300,00
+ contributo Cassa Prev. 4% su 1.300	52,00
Imponibile IVA	1.352,00
+ Iva 22% su 1.352,00	297,44
+ Spese documentate	500,00
Totale parcella	2.149,44
- Ritenuta d'acconto (20% su 1.300,00)	-260,00
Totale da pagare	1.889,44

Riceviamo la parcella del commercialista per una consulenza fiscale. Il commercialista ha sostenuto anche delle spese per nostro conto (spese documentate). Dovremmo pagare 2.149,44 al commercialista ma paghiamo solamente 1.889,44 perché 260 (il 20% sull'onorario di 1.300) è l'acconto di imposte da versare. L'importo di 260 lo tratteniamo all'atto del pagamento della parcella e lo dovremo poi versare, entro il 16 del mese successivo, all'Erario. In sostanza il commercialista ha incassato € 260 in meno. E' un acconto di imposte.

Come si registra questa parcella?

I dati rilevanti da registrare in Partita Doppia sono:

- I **Costi di consulenza** formati da **imponibile** di €1.352,00 più eventuali **spese documentate** che nel nostro esempio ammontano a € 500. Costi per consulenza è un conto economico, subisce una VEN +Costi.
- L'**IVA** è su acquisti, subisce una VFA +Crediti.
- Il **Debito v/fornitore** dato dal totale parcella. Nel nostro esempio 2.149,44. Subisce una VFP +Debiti.

La registriamo come una normale fattura di acquisto (Costo in Dare, Iva in Dare, Debito in Avere).

Al momento del pagamento della parcella chiudiamo il conto Debiti v/fornitori per il totale. Però, al professionista versiamo solamente il netto (1.889,44). La differenza, che rappresenta la ritenuta d'acconto, la registriamo nel conto **Debiti per ritenute da versare** (VFP +Debiti)

Data	Conto e descrizione	DARE	AVERE
3/7/16	Consulenza	1.852,0	
3/7/16	Iva ns/credito	297,44	
3/7/16	Debiti v/fornitori		2.149,44
	Ricevuta parcella		
3/7/16	Debiti v/fornitori	2.149,44	
3/7/16	Debiti ritenute da versare		260,00
3/7/16	Banca x c/c		1.889,44
	Pagata parcella		

Il debito per le ritenute da versare lo dovremo chiudere nel momento in cui verseremo la ritenuta allo Stato (il 16 del mese successivo).

Data	Conto e descrizione	DARE	AVERE
16/8/16	Debiti ritenute da versare	260,00	
16/8/16	Banca x c/c		260,00
	Versamento ritenuta		

I fattori pluriennali

Tra i beni acquisiti e in possesso dell'azienda, occorre distinguere tra:
- i **fattori relativi all'esercizio**: sono quei beni la cui vita si esaurisce nell'arco dell'esercizio economico, cioè dell'anno (es. le merci, gli imballaggi);
- i **fattori pluriennali**: sono quei beni la cui vita dura **oltre l'esercizio**, cioè oltre l'anno, ossia dura più anni (es. un automezzo, un computer, un mobile d'ufficio)

Tale distinzione determina due tipi diversi di costi e, di conseguenza, due tipi di conti:
- i **costi d'esercizio** relativi all'acquisizione di fattori relativi all'esercizio. Essi vanno registrati nei **conti di esercizio** (es. Merci c/acquisti);
- i **costi pluriennali** relativi all'acquisizione di fattori pluriennali. Essi vanno registrati nei **conti pluriennali** (es. Automezzi).

I costi pluriennali possono, a loro volta, essere di 2 tipi:
1. **materiali**: se hanno una consistenza, una fisicità (es. gli automezzi, i computer);
2. **immateriali**: se non hanno consistenza e fisicità (es. il software, i brevetti)

Esempio di registrazione di un costo d'esercizio (Merci c/acquisti) e di un Costo pluriennale (Automezzi).

Data	Conto e descrizione	DARE	AVERE
3/7/16	Merci c/acquisti	100,0	
3/7/16	Iva ns/credito	22,00	
3/7/16	Debiti v/fornitori		122,00
	Ft. Acquisto merci		
3/7/16	Automezzi	10.000,00	
3/7/16	Iva ns/credito	2.200,00	
3/7/16	Debiti v/fornitori		12.200,00
	Ft. Acquisto automezzo		

Come si vede dalla registrazione precedente il meccanismo è identico ma i due conti (Automezzi e Merci c/acquisti) hanno poi una destinazione diversa nel bilancio. Merci c/acquisti essendo un costo d'esercizio andrà nel Conto Economico. Automezzi essendo un costo Pluriennale finirà chiuso nello Stato Patrimoniale.

Movimento dei fattori pluriennali

Un fattore pluriennale può essere **acquistato** o **rivenduto**. In caso di rivendita si parla di **dismissione** (ad esempio, "si dà indietro un computer").

- Il costo di acquisto di un fattore pluriennale è detto **costo storico;**
- la differenza tra il fondo di ammortamento e il costo storico è detta **valore contabile;**
- il valore di dismissione di un fattore pluriennale è detto **valore di realizzo.**

L'eventuale differenza tra valore contabile e valore di realizzo origina:

- una **minusvalenza** se il valore di realizzo è **inferiore** al valore contabile;
- una **plusvalenza** se il valore di realizzo è **superiore** al valore contabile

Quando un fattore pluriennale viene dismesso, rivenduto, occorre registrare la fattura di vendita con l'IVA e il Credito e rilevare la minus o la plus valenza.

Contestualmente chiudiamo il fondo di ammortamento e il costo storico.

Dismissione con Minusvalenza

Abbiamo un furgone acquistato ad un costo di € 50.000,00, ammortizzato per € 40.000,00 e lo dismettiamo ad un prezzo di € 6.000,00

Costo storico = € 50.000,00

Fondo ammortamento = € 40.000,00

Valore contabile = € 10.000,00

Valore di realizzo= € 6.000,00

Minusvalenza € 4.000,00 VEN +Costi

Data	Conto e descrizione	DARE	AVERE
20/4/16	F.do amm. automezzi	40.000,00	
20/4/16	Crediti diversi	7.320,00	
20/4/16	Minusvalenza	4.000,00	
20/4/16	Automezzi		50.000,00
20/4/16	Iva ns/debito		1.320,00
	Ft. dismissione		

La situazione nei mastrini:

AUTOMEZZI	
D	A
50.000,00	**50.000,00**
costo storico	storno c.s.

F.DO AMM. AUTOMEZZI	
D	A
40.000,00	40.000,00
chiuso fondo	

IVA NS/DEBITO	
D	A
	1.320,00

CREDITI DIVERSI	
D	A
7.320,00	

MINUSVALENZA	
D	A
4.000,00	

Il conto Automezzi è stato chiuso in Avere per 50.000 (costo storico). Il F.do Amm è stato chiuso in Dare per 40.000, pari al totale degli ammortamenti che troviamo in Avere. In Dare rileviamo il totale della fattura di vendita nel conto Crediti Diversi e la Minusvalenza. L'Iva essendo un debito la registriamo in Avere.

Dismissione con Plusvalenza

Abbiamo un furgone acquistato ad un costo di € 50.000,00, ammortizzato per € 40.000,00 e lo dismettiamo a €11.000,00

Costo storico = € 50.000,00

Fondo ammortamento = € 40.000,00

Valore contabile = € 10.000,00

Valore di realizzo= € 11.000,00

Plusvalenza = € 1.000,00 VEP +Ricavi

Data	Conto e descrizione	DARE	AVERE
20/4/16	F.do amm. automezzi	40.000,00	
20/4/16	Crediti diversi	13.420,00	
20/4/16	Plusvalenza		1.000,00
20/4/16	Automezzi		50.000,00
20/4/16	Iva ns/debito		2.420,00
	Ft. dismissione		

La situazione nei mastrini:

AUTOMEZZI			F.DO AMM. AUTOMEZZI	
D	A		D	A
50.000,00	50.000,00		40.000,00	40.000,00
costo storico	storno c.s.		chiuso fondo	

IVA NS/DEBITO			CREDITI DIVERSI	
D	A		D	A
	2.420,00		13.420,00	

PLUSVALENZA	
	1.000,00

Il conto Automezzi è stato chiuso in Avere per 50.000 (costo storico). Il F.do Amm è stato chiuso in Dare per 40.000, pari al totale degli ammortamenti che troviamo in Avere. In Dare rileviamo il totale della fattura di vendita nel conto Crediti Diversi. La Plusvalenza è un ricavo pertanto viene rilevata in Avere. L'Iva essendo un debito la registriamo in Avere.

Il denaro: l'energia dell'azienda

Finanziamenti

L'azienda può ottenere il denaro necessario al suo funzionamento principalmente in due modi:

1. mediante **apporto del titolare**: il titolare investe il proprio capitale nell'attività (cioè mette dei soldi di "tasca sua"). In questo caso il fatto viene così registrato:

Data 2015	Denominazione Conto	Dare	Avere
10/1	BANCA X C/C	10.000,00	
10/1	PATRIMONIO NETTO		10.000,00

Banca C/C in Dare: indica che del denaro è entrato e quindi si è avuta una variazione finanziaria attiva
Primonio Netto: indica che il patrimonio è aumentato. E' come se vi fosse stato un ricavo. Si tratta di una variazione economica patrimoniale positiva (VEP).
La stessa registrazione la facciamo come registrazione di avvio attività per un'impresa individuale.

2. mediante **finanziamento esterno**: il titolare ottiene un prestito dalla banca o da una società finanziaria. Il fatto viene così registrato:

Data 2015	Denominazione Conto	Dare	Avere
10/1	BANCA X C/C	10.000,00	
10/1	FINANZIAMENTI BANCARI		10.000,00
10/1	BANCA X C/C	10.000,00	
10/1	MUTUI PASSIVI		10.000,00

Banca C/C in DARE: indica che del denaro è **entrato** e quindi si è avuta una **variazione finanziaria attiva.**
Finanziamenti bancari in AVERE: indica che è sorto un **debito** verso la banca che ha prestato i soldi all'azienda, cioè vi è stata una **variazione finanziaria passiva.**
Stesso ragionamento vale per il conto Mutui Passivi.

Pagamento interessi sul finanziamento

Periodicamente, l'azienda paga interessi sul finanziamento ottenuto. Si tratta di un costo, cioè di una **variazione economica negativa**, così registrata:

Data 2015	Denominazione Conto	Dare	Avere
10/6	Interessi passivi su mutui	500,00	
10/6	Banca x c/c		500,00
10/6	Interessi passive bancari	300,00	
10/6	Banca x c/c		300,00

Estinzione del finanziamento

Quando il finanziamento scade, l'azienda deve restituire la somma ottenuta:

Data 2015	Denominazione Conto	Dare	Avere
30/9	Finanziamenti bancari	10.000,00	
30/9	Banca x c/c		10.000,00
30/9	Mutui passivi	10.000,00	
30/9	Banca x c/c		10.000,00

La gestione dei dipendenti

Per l'azienda, i dipendenti costituiscono una risorsa che incide principalmente, ogni mese, sotto forma di **stipendio** o **salario** e sotto forma di **liquidazione** nel momento in cui il rapporto di lavoro cessa (ad esempio per dimissioni o licenziamento). In contabilità, le registrazioni relative alla corresponsione dello stipendio sono:

1) **momento in cui lo stipendio viene liquidato (ma non ancora pagato):**

Data	Conto e descrizione	DARE	AVERE
31/01/16	Salari e Stipendi	20.000,00	
31/01/16	Debiti v/dipendenti		20.000,00
	Liquidate retribuzioni		

Salari e stipendi è un conto **economico** che esprime i **costi** relativi al personale, cioè lo stipendio lordo calcolato da contratto (VEN +Costi DARE)

Personale c/retribuzioni è un conto **finanziario** che esprime il **debito** che l'azienda ha verso i dipendenti (VFP +Debiti AVERE).

Liquidazione retribuzioni con aggiunta di indennità previdenziali.

Data	Conto e descrizione	DARE	AVERE
31/01/16	Salari e Stipendi	20.000,00	
31/01/16	Istituti di previdenza	1.000,00	
31/01/16	Debiti v/dipendenti		21.000,00
	Liquidate retribuzioni		

Istituti di Previdenza è un conto **finanziario** che esprime, in questo caso, un **credito** che l'azienda ha verso l'ente previdenziale (VFA +Crediti DARE). L'azienda ha anticipato ai dipendenti degli importi che sono a carico dell'INPS. Questi importi possono fare riferimento ad assegni per il nucleo familiare, a indennità di malattia o maternità. Se non siamo in presenza di questi anticipi nella registrazione non abbiamo il conto Istituti di previdenza.

In pratica, l'azienda pagherà al dipendente e sarà rimborsata, per la stessa somma, dall'ente previdenziale (verso il quale nasce un credito).

2) momento della liquidazione dei contributi a carico dell'azienda

Data	Conto e descrizione	DARE	AVERE
31/01/16	Oneri sociali	5.000,00	
31/01/16	Istituti di previdenza		5.000,00
	Liquidati oneri sociali		

Oneri sociali è un conto **economico** che esprime i **costi** relativi ai contributi a carico dell'azienda dovuti all'ente previdenziale (VEN +Costi DARE).

L'azienda matura un debito verso l'ente previdenziale, rilevato nel costo **Istituti di Previdenza** (VFP +Debiti Avere). Salda poi il debito nel momento in cui versa la somma

3) momento del pagamento dello stipendio:

Istituti di previdenza, in questo caso, è un **debito** che l'azienda ha verso l'ente previdenziale relativo alle **ritenute a carico del dipendente** che l'azienda opera, per conto dell'ente, sullo stipendio dei dipendenti (VFP +Debiti AVERE). L'azienda dovrà versare questi contributi all'Ente di Previdenza (es: INPS).

Erario C/Ritenute è un conto **finanziario** che esprime il **debito** che l'azienda ha verso l'Erario per le imposte (IRPEF) che trattiene sullo stipendio dei dipendenti (VFP +Debiti AVERE). L'azienda dovrà versare questa somma nelle casse dello Stato (Erario).

Dalla **Banca** esce l'importo netto versato ai dipendenti (VFP +Uscite AVERE)

Data	Conto e descrizione	DARE	AVERE
15/02/16	Debiti v/dipendenti	21.000,00	
15/02/16	Istituti di previdenza		2.000,00
15/02/16	Erario c/rit. Da vers.		4.140,00
15/02/16	Banca x c/c		14.860,00
	Pagate le retribuzioni		

In sintesi, l'articolo può essere così commentato: l'azienda deve dare ai dipendenti € 21.000,00 (Debiti v/dipendenti) ma l'uscita effettiva di denaro dalla Banca è di € 14.860,00 che corrisponde agli stipendi netti pagati, in quanto la differenza, di € 6.140,00 é trattenuta dall'azienda sullo stipendio e dovrà essere versata in parte all'INPS in quanto contributi (€ 2.000,00) e in parte allo stato (Erario c/Ritenute) in quanto IRPEF (€ 4.140,00).

4) momento del versamento all'ente previdenziale e all'Erario:

Il conto **Istituti di Previdenza** è un conto aperto come credito/debito verso gli Enti previdenziali.
Nel nostro esempio l'azienda ha € 1.000,00 di credito per importi anticipati ai dipendenti e € 2.000,00 di debito per le **trattenute sulle buste paga** dei dipendenti, da versare all'Ente di previdenza.

Oltre al contributo a carico del dipendente, esistono anche i **contributi a carico del datore di lavoro**, cioè delle somme che l'azienda deve versare all'ente previdenziale per ogni dipendente assunto. Esiste un rapporto diretto tra azienda ed ente previdenziale che non coinvolge il dipendente, infatti tali somme non sono trattenute sulla retribuzione ma sono pagate dall'azienda ("di tasca sua").

Aiutiamoci con il mastrino per calcolare **il saldo a debito di € 6.000,00.**

ISTITUTI DI PREVIDENZA	
D	A
1.000,00	2.000,00
	5.000,00
	6.000,00

La posizione di dedito dell'azienda verso l'ente previdenziale sarà poi regolarizzata con la seguente registrazione in cui i debiti vengono pagati tramite banca, insieme a Erario c/ritenute da versare.

Data	Conto e descrizione	DARE	AVERE
16/03/16	Istituti di previdenza	6.000,00	
16/03/16	Erario c/rit. Da vers.	4.140,00	
16/03/16	Banca x c/c.		10.140,00
	Versamento F24		

Competenza economica e Assestamento

La vita dell'impresa viene suddivisa in periodi amministrativi, di solito della durata di un anno solare, detti **Esercizi**.

L'assestamento è una procedura contabile finalizzata ad **assicurare la competenza delle rilevazioni contabili**. Competenza significa che le registrazioni contabili devono competere, cioè riguardare, essere economicamente relative, all'esercizio corrente, che è l'anno in corso.

Per realizzare la competenza, l'assestamento:
- **elimina** tutte le **registrazioni** che **non** sono **relative** all'**esercizio** in corso (esempio 2015).
- **include** tutte le registrazioni che sono relative all'esercizio in corso ma non sono state ancora effettuate

In pratica, l'assestamento è una procedura che agisce solo sulle registrazioni che si collocano **a cavallo** di due esercizi e per questo sono in parte relative all'esercizio corrente (2015) ed in parte relative all'esercizio successivo (2016). In questi casi, l'assestamento consente di **considerare solo la parte relativa all'esercizio corrente**

La data che permette di separare un esercizio dall'altro è il **31/12** ed è per questo che tutte le operazioni di assestamento avvengono in tale data.

L'assestamento consiste sostanzialmente in una serie di registrazioni, dette **scritture di rettifica**, finalizzate a:

- **eliminare** i valori di **non competenza:** tali registrazioni vengono dette **scritture di storno** (stornare significa allontanare, correggere escludendo);
- **includere** i valori di competenza: tali registrazioni vengono dette **scritture di integrazione**

Le scritture che fanno parte dell'assestamento sono le seguenti:

Scritture di storno:
- Risconti Attivi
- Risconti Passivi

Scritture di integrazione:
- Ratei Attivi
- Ratei Passivi
- Accantonamenti
- Ammortamenti
- Valutazione rimanenze merci

Ratei e Risconti

Alcuni Costi e Ricavi possono essere a cavallo tra due o più esercizi. Cosa significa? Vediamo alcuni casi:

1) **pagato** un **costo** nell'esercizio n per un bene/servizio che ci serve fino ad un determinato mese dell'esercizio n+1.

   Esempi classici sono: assicurazione di un'auto, affitti passivi pagati in anticipo, noleggi, ecc...

2) **incassato** un **ricavo** nell'esercizio n relativo ad un servizio che dobbiamo eseguire fino ad un determinato mese dell'esercizio n+1.

   Esempi classici sono: contratti di fornitura di servizi, di consulenza, affitti attivi incassati in anticipo, ecc...

3) **pagheremo** un costo nell'esercizio n+1 ma abbiamo già iniziato a sfruttare il bene o servizio in un determinato mese dell'esercizio attuale n.

4) **incasseremo** un ricavo nell'esercizio n+1 ma abbiamo già iniziato a fornire il bene o servizio in un determinato mese dell'esercizio n.

Nei casi 1) e 2) Abbiamo registrato sia la manifestazione finanziaria (uscita o entrata) che quella economica (costo o ricavo) nell'esercizio in corso. Al 31/12 dell'esercizio in corso dobbiamo pertanto **rettificare** il valore del costo o del ricavo per dare la giusta competenza, togliendo la parte di non competenza. **La parte di non competenza** così non viene conteggiata nei costi o ricavi dell'esercizio attuale; **resta sospesa,** verrà computata nei costi o ricavi del prossimo esercizio.

Il nome di questo valore sospeso è **Risconto.**
- **Risconto Attivo** se è relativo ad un costo (rettifica di un costo)
- **Risconto Passivo** se è relativo ad un ricavo (rettifica di ricavo)

Nei casi 3) e 4) avremo un pagamento di un costo o l'incasso di un ricavo nell'esercizio successivo. Nell'esercizio in corso non abbiamo avuto alcuna manifestazione finanziaria (uscita o entrata). Però, arrivati al 31/12 dobbiamo **integrare** la parte di costo o di ricavo di competenza dell'esercizio in corso anche se non abbiamo ancora avuto la manifestazione finanziaria. Se non c'è una uscita o una entrata quale sarà allora la manifestazione da registrare?

Il valore integrato come costo o ricavo viene considerato come un debito o un credito sospeso. Sospeso perché sarà un importo che pagheremo o incasseremo il prossimo esercizio.

Il nome di questo debito o credito sospeso è **Rateo.**
- **Rateo Passivo** se è relativo ad un costo: integriamo un costo e un debito sospeso (il rateo)
- **Rateo Attivo** se è relativo ad un ricavo: integriamo un ricavo e un credito sospeso (il rateo)

Risconti

Costo pagato nell'esercizio in corso riguardante un servizio che terminerà nel prossimo esercizio (Risconto Attivo: rettifica costo)

in data 01/11/2015 viene pagato un premio di assicurazione semestrale di € 1.200,00

L'01/11/2015 avviene il pagamento, **anticipato**, di tutto l'importo, € 1.200,00. Il pagamento è semestrale, cioè vale per il semestre 01/11/2015 - 01/05/2016: il periodo è **a cavallo** tra due esercizi, il 2015 ed il 2016

Data	Conto e descrizione	DARE	AVERE
01/11/15	Assicurazione	1.200,00	
01/11/15	Banca x c/c		1.200,00
	Pagata assicurazione		

Però arrivati al 31/12 vediamo che non tutti i sei mesi fanno parte dell'esercizio in corso; da gennaio a aprile sono dell'esercizio successivo (non di competenza). Pertanto:

- il **periodo di competenza** è di 2 mesi: novembre e dicembre, vale a dire € 400,00 = (1200/6 x 2);
- il **periodo di non competenza** è di 4 mesi: da gennaio a aprile, vale a dire € 800,00 = (1200/6 x 4).

	competenza 2015	NON competenza 2015	
	€ 400,00	€ 800,00	
1/11/15		31/12	1/5/16
pagamento di € 1.200,00			

Calcoliamo i costi di competenza:
+Costi 1.200,00 (registrato in data 1/11)
-Costi 800,00 (registrato in data 31/12)
= Costo d'esercizio 400,00 (di competenza)

Dobbiamo **togliere dai costi** (stornare) dell'esercizio in corso i 4 mesi di non competenza (€ 400,00). Non possiamo andare a correggere la registrazione contabile già effettuata in data 1/11. Dobbiamo pertanto scrivere una "contro-registrazione" per abbassare il valore dei costi e portarlo a € 400,00 (Costo d'esercizio).

Data	Conto e descrizione	DARE	AVERE
31/12/15	Risconto Attivo	800,00	
31/12/15	Assicurazione		800,00
	Rettifica assicurazione		

Assicurazione		Risconti Attivi	
D	A	D	A
1.200,00	800,00	800,00	
400			

Il valore di € 800,00, registrato come "costo sospeso" lo metteremo tra i costi del prossimo esercizio in quanto rappresenta la quota di assicurazione relativa ai mesi da gennaio ad aprile.

Il nome di questo valore registrato come "costo sospeso" è Risconto Attivo.

Ricavo incassato nell'esercizio in corso ma che riguarda un servizio che terminerà nel prossimo esercizio (Risconto Passivo: rettifica ricavo)

in data 01/11/2015 incassiamo € 1.200,00 per un contratto annuale di assistenza e consulenza informatica che dovremo fornire ad un cliente.

L'01/11/2015 avviene l'incasso, **anticipato**, di tutto l'importo di € 1.200,00. L'incasso è annuale ed è **a cavallo** tra due esercizi, il 2015 ed il 2016

Data	Conto e descrizione	DARE	AVERE
01/11/15	Banca x c/c	1.200,00	
01/11/15	Consulenza		1.200,00
	Incassato consulenza		

Però arrivati al 31/12 vediamo che non tutti i mesi fanno parte dell'esercizio in corso; da gennaio a ottobre sono dell'esercizio successivo (non di competenza). Il servizio totale ha una durata di 12 mesi.

Pertanto:
- il **periodo di competenza** è di 2 mesi (novembre e dicembre), vale a dire € 200,00 (1.200/12 x 2)
- il **periodo di non competenza** è di 10 mesi: da gennaio a ottobre, vale a dire € 1.000,00 (1.200/12 x 10)

competenza 2015	NON competenza 2015
€ 200,00	€ 1.000,00
1/11/15 31/12	1/5/16
incasso di € 1.200,00	

Calcoliamo i ricavi di competenza:
+Ricavi 1.200,00 (registrato in data 1/11)
-Ricavi 200,00 (registrato in data 31/12)
= Ricavo d'esercizio 1.000,00 (di competenza)

Dobbiamo **togliere dai ricavi** (stornare) dell'esercizio in corso i 10 mesi di non competenza (€ 1.000,00).
Per raggiungere questo obiettivo non possiamo andare a correggere la registrazione contabile già effettuata in data 1/11. Scriviamo pertanto una "contro-registrazione" per abbassare il valore dei ricavi e portarlo a € 200,00 (Costo d'esercizio).

Data	Conto e descrizione	DARE	AVERE
31/12/15	Consulenza	1.000,00	
31/12/15	Risconto Passivo		1.000,00
	Rettifica consulenza		

Consulenza		Risconti Passivi	
D	A	D	A
1.000,00	1.200,00		200
200,00			

Il valore di € 1.000,00, registrato come "ricavo sospeso" lo metteremo tra i ricavi del prossimo esercizio in quanto rappresenta la quota di consulenza relativa ai mesi da gennaio a ottobre dell'esercizio n+1.

Ratei

Costo che verrà pagato nell'esercizio successivo (Rateo Passivo: integrazione costo).

Il 31 ottobre abbiamo stipulato un contratto di affitto per €900,00 con pagamento trimestrale posticipato (al termine del periodo di contratto).

Il contratto di affitto riguarda i mesi di novembre, dicembre e gennaio.

In data 31 ottobre non abbiamo alcuna manifestazione finanziaria (uscita) e di conseguenza nessuna registrazione di costi. Il pagamento avverrà il 31 gennaio dell'anno successivo. Però, **arrivati al 31/12** dobbiamo registrare nella contabilità dell'esercizio il costo relativo ai mesi in cui abbiamo sfruttato l'affitto, vale a dire novembre e dicembre. Il valore da registrare è € 600,00 (900/3 x 2) relativo ai 2 mesi di competenza.

competenza 2015		
€ 600,00		
31/10/15	31/12	31/01/16
Stipulato contratto		Pagamento € 900,00

Data	Conto e descrizione	DARE	AVERE
31/12/15	Fitti Passivi	600,00	
31/12/15	Ratei Passivic		600,00
	Affitto di competenza		

Abbiamo integrato nell'esercizio € 600,00 di costo relativo ad un affitto che pagheremo il 31 gennaio dell'esercizio e il relativo "debito sospeso". Questo Debito prende il nome di **Rateo passivo** (VFP, +Debiti, Avere)

Ricavo che verrà incassato nell'esercizio successivo (Rateo Attivo: integrazione ricavo)

Il 1° dicembre abbiamo concesso in affitto un nostro locale per 6 mesi al prezzo di € 1.200,00 con pagamento al termine del periodo di contratto.

Il contratto di affitto riguarda i mesi di dicembre, gennaio, febbraio, marzo, aprile e maggio.

In data 1 dicembre non abbiamo alcuna manifestazione finanziaria (entrata) e di conseguenza nessuna registrazione di ricavi. L'incasso avverrà il 1 giugno dell'esercizio successivo. Però, arrivati al 31/12 dobbiamo registrare nella contabilità dell'esercizio attuale il ricavo relativo al mese in cui il locale è in uso al nostro affittuario, vale il mese di dicembre. Il valore da registrare è € 200,00 (1.200/6 x 1).

```
        competenza 2015
          € 200,00                │
 ────────────────────────────────┴──────────────────────
  01/12/15              31/12              01/06/16
  Concesso affitto                  Incasso € 1.200,00
```

Data	Conto e descrizione	DARE	AVERE
31/12/15	Rateo Attivo	200,00	
31/12/15	Fitti Attivi		200,00
	Affitto di competenza		

Abbiamo integrato nell'esercizio € 200,00 di ricavo relativo ad un affitto (per noi attivo) che incasseremo il 1° giugno dell'esercizio n+1 (+Crediti). Questo Credito prende il nome di **Rateo attivo** (VFA, +Crediti, Dare).

I Ratei e Risconti, riassumendo come possiamo definirli?

Un **Rateo** è un valore finanziario registrato come debito o credito sospeso, relativo ad una quota di costo o ricavo già maturato ma che non ha ancora avuto la sua manifestazione finanziaria.

- Il Rateo è **attivo** se riferito ad un ricavo.
- Il Rateo è **passivo** se riferito ad un costo.

Un **Risconto** è un valore economico che ha già avuto la sua manifestazione finanziaria (pagato o incassato in via anticipata) ma che non è ancora maturato

- Il Risconto è **attivo** se riferito ad un costo
- Il Risconto è **passivo** se riferito ad un ricavo.

Scritture di integrazione: l'ammortamento

L'ammortamento è una **procedura contabile finalizzata a trasferire parte di costi pluriennali in costi di esercizio.** L'ammortamento agisce dunque sui costi pluriennali facendo in modo che, ogni anno, parte di tali costi divengano **costi di esercizio.**
Con l'ammortamento trasferiamo, ogni anno, una parte del costo pluriennale in costo di esercizio. Trasferire significa "**togliere**" una parte del costo pluriennale per "**metterlo**" tra i costi di esercizio.
Per i fattori pluriennali materiali si effettua l'**ammortamento "fuori conto"** che consiste nell'utilizzare un conto diverso per far "morire" la parte di costo pluriennale. Tale conto prende il nome di **Fondo Ammortamento** e il trasferimento avviene **indirettamente.**

Esempio: un'azienda acquista un furgone al costo storico di € 30.000,00 nel 2010 e stima che tale mezzo porti una utilità per 5 anni. (20% l'anno da calcolare su 30.000)

	costo pluriennale		F.DO.AMM.	
	AUTOMEZZI		AUTOMEZZI	
	D	A	D	A
costo storico	30.000,00			6.000,00
				6.000,00
				6.000,00
				6.000,00
				6.000,00
costo d'esercizio	AMM.AUTOMEZZI			30.000,00
	D	A		
31/12/10	6.000,00			
31/12/11	6.000,00			
31/12/12	6.000,00			
31/12/13	6.000,00			
31/12/14	6.000,00			

Si ottiene dunque che, ogni anno, l'automezzo incide sui costi di esercizio per il valore dell'ammortamento. Per trasferire il costo pluriennale in costo di esercizio si ragiona come segue:

a) il costo pluriennale è registrato in **Dare** di **Automezzi**, per € 30.000,00;

b) per **togliere** una parte del costo pluriennale occorre registrare tale parte in **Avere** di **F.do Amm. Automezzi**

c) la parte del costo pluriennale che "muore" in Avere di **F.do Amm. Automezzi** (€ 6.000,00) nasce poi in **Dare** di **Ammortamento Automezzi**, come costo di esercizio.

Le registrazioni in PD di due anni

Data 2010	Denominazione Conto	Dare	Avere
31/12	AMM. AUTOMEZZI	6.000,00	
31/12	F.DO AMM. AUTOMEZZI		6.000,00

Data 2011	Denominazione Conto	Dare	Avere
31/12	AMM. AUTOMEZZI	6.000,00	
31/12	F.DO AMM. AUTOMEZZI		6.000,00

Al termine del secondo anno (2011) il fondo di Ammortamento è € 12.000,00. Il conto Ammortamento, invece, essendo un costo d'esercizio, ogni anno riparte da zero.

Ammortamento: conto economico (di esercizio), VEN, +Costi, Dare
Fondo ammortamento: conto economico relativo alla rettifica dei costi pluriennali, VEP, -Costi. Proprio perché è un "meno costi pluriennali" funziona in Avere.

Per i fattori pluriennali immateriali si utilizza la procedura dell'**ammortamento "in conto"** in quanto il trasferimento della parte del costo pluriennale (cioè la "morte" di tale parte) avviene **direttamente** nel conto del fattore pluriennale stesso (es. Software, Brevetti, etc..).

costo pluriennale

SOFTWARE

D		A	
costo storico	10.000,00		
			2000
			2000
			10.000,00

costo d'esercizio

AMM. SOFTWARE

D		A
31/12/10	2.000,00	
31/12/11	2.000,00	

Data 2010	Denominazione Conto	Dare	Avere
31/12	AMM. SOFTWARE	2.000,00	
31/12	SOFTWARE		2.000,00
Data 2011	Denominazione Conto	Dare	Avere
31/12	AMM. SOFTWARE	2.000,00	
31/12	SOFTWARE		2.000,00

Scritture di integrazione: l'accantonamento

Si intende l'**integrazione** di **costi** relativi a **potenziali, possibili perdite o rischi** futuri. L'azienda, considerando il tipo di attività svolta, può **ipotizzare** che, ogni anno, si debbano rilevare dei costi relativi a:

- **perdite su crediti**: crediti che si dovevano incassare vengono persi (**- crediti**);
- **maggiori debiti**: avvengono fatti che causano l'aumento dei debiti (**+debiti**)

L'azienda previdente si premunisce e accantona, anno per anno, delle quote che serviranno a far fronte ad eventuali possibili perdite future o rischi.

Accantonamento relativo a perdite su crediti

a) Si verifica quanti sono i crediti (osservando il saldo di Crediti V/Clienti e altri crediti commerciali);
b) Si ipotizza, in percentuale, i crediti che possono "andare persi" (*es. 2%*);
c) Si quantifica la quota di crediti che possono "andare persi" e si accantona.

SVALUTAZIONE CREDITI		F.DO SVAL. CREDITI	
D	A	D	A
10.000,00			10.000,00

- **Svalutazione crediti** è un conto **economico** che registra, in **Dare**, il **costo** derivante dalla eventuale, potenziale perdita su crediti (cioè il costo relativo al valore dei crediti **non incassati**);
- **Fondo svalutazione crediti**: è un conto **finanziario** che **rettifica in negativo** i crediti verso clienti: siccome si tratta di crediti non incassabili esprime un **meno crediti**, cioè una variazione finanziaria **passiva** e, pertanto, funziona in **Avere**

Data 2015	Denominazione Conto	Dare	Avere
31/12	SVAL.CREDITI	10.000,00	
31/12	F.DO SVAL. CREDITI		10.000,00

Accantonamento relativo ai rischi futuri

Si quantificano, stimandoli, i possibili rischi futuri e si accantona il valore:

ACC. RISCHI		F.DO RISCHI	
D	A	D	A
23.000,00			23.000,00

- **Accantonamento rischi**: è un conto **economico** che registra, in **Dare**, il **costo** derivante da eventuali, potenziali rischi futuri (*es. danni da rimborsare*);
- **Fondo rischi**: è un conto **finanziario** che esprime un **debito potenziale** derivante dal manifestarsi, futuro, di eventi imprevedibili; siccome si tratta di **più debiti,** cioè una variazione finanziaria **passiva,** funziona in **Avere.**

Data 2015	Denominazione Conto	Dare	Avere
31/12	ACC. RISCHI	23.000,00	
31/12	F.DO RISCHI		23.000,00

L'accantonamento del T.F.R.

Un altro tipo di accantonamento effettuato dalle aziende è quello relativo al **T.F.R.**

T.F.R significa Trattamento di Fine Rapporto ed è ciò che, normalmente, viene chiamata liquidazione. Si tratta di una somma di denaro che viene corrisposta al dipendente nel momento in cui cessa il rapporto di lavoro.

Il dipendente Rossi, assunto nel 2008, si dimette ad aprile del 2011: l'azienda gli versa € 4.500,00 di liquidazione

Pur essendo pagata nel 2011, la liquidazione (cioè € 4.500,00) **non deve gravare** solo su tale esercizio poiché si riferisce ad un rapporto di lavoro che è iniziato nel 2008 ed ha quindi interessato anche il 2009 e il 2010, cioè ha interessato più esercizi. L'azienda dunque deve "pensarci prima" e, ogni anno, accantonare una quota di T.F.R. in modo da **distribuire su tutti gli anni (e non solo sull'ultimo)** il "peso" della liquidazione che sarà poi pagata nel momento in cui il rapporto di lavoro cesserà. Per cui, ogni anno, l'azienda, **integra un costo** relativo al T.F.R dei dipendenti:

Data 2010	Denominazione Conto	Dare	Avere
31/12	ACCANT. T.F.R.	1.500,00	
31/12	DEBITI PER T.F.R.		1.500,00

In tal modo, la liquidazione incide su ogni anno per €1.500,00 mentre il **Debiti per TFR** "cresce" di € 1.500,00 l'anno (€ 1.500,00, € 3.000,00, € 4.500,00). Debiti per TFR è un fondo, funziona come gli altri fondi.

Come avviene la liquidazione del T.F.R.

Nel momento in cui cessa il rapporto di lavoro, l'azienda corrisponde la liquidazione utilizzando il Fondo T.F.R che aveva precedentemente, anno dopo anno, creato.

Data 2011	Denominazione Conto	Dare	Avere
30/4	DEBITI PER T.F.R.	4.500,00	
30/4	BANCA X C/C		4.500,00

In tal modo, però, non viene corrisposta la parte di liquidazione spettante al dipendente per il periodo **1/1 - data di licenziamento**. Pertanto occorre inserire tale parte, maturata nell'anno in corso, **dopo** l'ultimo accantonamento del 31/12, in un conto specifico.

*Se la quota di accantonamento annuale per Rossi era 1.500,00 la quota relativa a 4 mesi sarà 500,00 (1.500,00/12*4)*

Data 2011	Denominazione Conto	Dare	Avere
1/5	DEBITI PER T.F.R.	4.500,00	
1/5	TFR D'ESERCIZIO	500,00	
1/5	BANCA X C/C		5.000,00

T.F.R. d'esercizio è un **conto economico di esercizio** relativo ai **costi di esercizio** (dovuti alla quota di T.F.R. maturata, appunto, nell'attuale esercizio) e funzionante in **Dare (costo d'esercizio).**

Quanto deve essere l'accantonamento TFR?

Per calcolare la quota esatta del TFR da accantonare bisogna conoscere l'ammontare del conto salari e stipendi, il Fondo TFR accantonato fino a quel momento e la percentuale di inflazione dell'anno.

Il procedimento di calcolo è particolarmente articolato

	Debiti per TFR anno precedente	14.940,00
	Salari e stipendi	82.244,70
A)	**Quota TFR anno**	6.092,20
	salari e stipendi/13,5 (numero fisso)	
B)	**Fondo garanzia INPS**	411,22
	Salari e stipendi*0,50/100	
C)	**Rivalutazione del fondo TFR**	448,20

Calcolo percentuale di rivalutazione data da
1,5+75%(inflazione ISTAT)
Ipotesi di calcolo con inflazione al 2%
((2*75)/100)+1,5 = 3
(14940*3)/100 = 448,20

D)	**TFR anno lordo = A-B+C**	6.129,17
	6092,20-411,22+448,20	
E)	**Ritenuta 17% sulla rivalutazione**	76,19
	448,20*17/100	
F)	**TFR da accantonare = D-E**	6.052,98
	6129,17-76,19	

Data 2015	Denominazione Conto	Dare	Avere
31/12	ACCANT. T.F.R.	6.129,17	
31/12	DEBITI PER RIT.DA VERS.		76,19
31/12	DEBITI PER TFR		6.052,98

I conti utilizzati hanno la seguente natura:

- **Accantonamento T.F.R**: è un conto **economico di esercizio** che registra in **Dare** il **costo** relativo alla quota di TFR maturata ogni anno dal dipendente;
- **Debiti per ritenute da versare**: è un conto **finanziario** che registra in **Avere** un debito che l'azienda ha verso l'Erario per la ritenuta fiscale dell'17% calcolata sulla rivalutazione del Fondo TFR;
- **Debiti per T.F.R**: è il fondo, un conto **finanziario** che esprime un **debito verso il dipendente** relativo alla liquidazione che l'azienda dovrà corrispondergli alla cessazione del rapporto di lavoro. Il debito aumenta di

anno in anno. Poiché si tratta di "**più debiti**", cioè di
una variazione finanziaria **passiva**, funziona in **Avere**.

DEBITI PER TFR	
D	A
	14.940,00
	6.052,98
	20.992,98

Dal procedimento di calcolo è stato ipotizzato che il Fondo
TFR prima dell'accantonamento fosse 14.940, adesso, dopo
l'accantonamento risulta di 20.992,98, vale a dire è
aumentato di 6.052,98.

Valutazione finale delle merci

Il conto **Merci C/Acquisti** accoglie in Dare il valore delle
merci acquistate nell'esercizio; tuttavia è possibile che al
31/12 una parte di tali merci non sia stata utilizzata o
venduta e rimanga quindi in magazzino. Ciò significa che
tale parte sarà utilizzata il prossimo esercizio e, pertanto,
non risulta più di competenza dell'esercizio in corso.

Occorre procedere alla rettifica del conto Merci C/Acquisti
affinché esso registri unicamente le merci utilizzate
nell'esercizio e non quelle rimaste in magazzino e che
saranno utilizzate il prossimo esercizio.

Per ottenere questo risultato è necessario **togliere** il valore
rimasto in magazzino (le rimanenze) dal valore delle merci
acquistate. Non potendo effettuare questa operazione in
Avere del conto Merci C/Acquisti (perché unifase), si
utilizza il conto **Merci C/Rimanenze finali**.

In sintesi: il conto Merci C/Rimanenze finali rettifica il
conto Merci C/Acquisti

MERCI C/ACQUISTI		MERCI C/RIM. FINALI		MERCI IN MAGAZZINO	
D	A	D	A	D	A
160.000,00			50.000,00	50.000,00	

Delle 160.000,00 di merci acquistate, 50.000,00 sono rimaste in magazzino e saranno utilizzate il prossimo anno. Tale rimanenza viene "tolta" dalle merci acquistate (160.000,00) ma, non potendo inserirla in Avere del conto Merci C/Acquisti, la si registra in Avere del conto Merci C/Rimanenze finali. Il contro-valore è dato da **Merci in magazzino** che funziona un po' come un risconto attivo, nel senso che permette di trasferire al prossimo esercizio un componente del reddito (in questo caso un costo) che non appartiene a questo esercizio

La registrazione, sempre al **31/12**, è la seguente

Data 2015	Denominazione Conto	Dare	Avere
31/12	MERCI IN MAGAZZINO	50.000,00	
31/12	MERCI C/RIM. FINALI		50.000,00

La natura dei conti è la seguente:
- **Merci C/Rimanenze finali**: è un **conto economico di esercizio** che **rettifica i costi** derivanti dall'acquisto delle merci. Esprime un **"meno costi"** e, pertanto, funziona in **Avere** (come se fosse un ricavo);
- **Merci in magazzino**: è un **conto transitorio** che permette di trasferire al prossimo esercizio un costo relativo alle merci acquistate ma non utilizzate, quindi rimaste in magazzino, non di competenza dell'esercizio.

In fase di chiusura dei conti Merci in magazzino finirà nello Stato Patrimoniale tra le Attività e confluirà poi nel conto Merci c/esistenze iniziali dell'esercizio successivo (conto di natura economica).

Come si utilizzano i fondi

La creazione del Fondo perdite su crediti e del Fondo rischi permette all'azienda di disporre dei mezzi finanziari per fronteggiare eventuali perdite e rischi.

Nel caso di perdite sui crediti

L'azienda utilizza il Fondo perdite su crediti per "coprire" una perdita derivante dal mancato incasso di alcuni crediti.
Es. un credito di € 5.000,00 è inesigibile:

Data 2016	Denominazione Conto	Dare	Avere
1/2	F.do rischi su crediti	5.000,00	
1/2	Crediti v/clienti		5.000,00

Si ha una variazione finanziaria passiva (**meno crediti**) che si registra in **Avere** di Crediti V/Clienti, relativa al credito che "viene meno", ed una variazione finanziaria attiva derivante dalla diminuzione del **Fondo rischi su crediti**, in **Dare**. Cioè il Fondo diminuisce per coprire quella parte del credito che diminuisce.

CREDITI V/CLIENTI		F.DO RISCHI SU CREDITI	
D	A	D	A
300.000,00	5.000,00	5.000,00	10.000,00

Nel caso di rischi

L'azienda utilizza il Fondo rischi per "pagare un danno" derivante da un evento imprevedibile (*es. incidente*). *Es, l'azienda deve rimborsare un danno per € 10.000,00.*

Data 2016	Denominazione Conto	Dare	Avere
1/2	F.do rischi	10.000,00	
1/2	Banca x c/c		10.000,00

Si ha una variazione finanziaria passiva (**meno Banca C/C**) che si registra in **Avere** di Banca C/C, relativa all'uscita di denaro necessaria per rimborsare il danno, ed una variazione finanziaria attiva derivante dalla diminuzione del Fondo rischi, in **Dare**.

BANCA C/C		F.DO RISCHI	
D	A	D	A
160.000,00	**10.000,00**	**10.000,00**	23.000,00

Cioè il Fondo rischi diminuisce per coprire quella uscita di banca.

Fondo incapiente

Un fondo (sia esso per perdite su crediti o per rischi futuri) è **incapiente** se il suo valore è **insufficiente a coprire la perdita su crediti o il rischio**. In tal caso, la parte eccedente il fondo viene a costituire un normale **costo di esercizio**.

Esempio n. 1
Un credito di € 40.000,00 è inesigibile ma il Fondo è solo di €30.000,00:

Data 2016	Denominazione Conto	Dare	Avere
1/2	F.do rischi su crediti	30.000,00	
1/2	Perdite su crediti	10.000,00	
1/2	Crediti v/clienti		40.000,00

Esempio n. 2
Si deve pagare un danno di € 38.000,00 ma il Fondo è solo di €23.000,00:

Data 2016	Denominazione Conto	Dare	Avere
1/2	F.do rischi	23.000,00	
1/2	Perdite diverse	15.000,00	
1/2	Crediti v/clienti		38.000,00

Semplici regole sul funzionamento dei fondi

Qualsiasi fondo (rischi, TFR, ammortamento, ecc...) aumenta sempre in AVERE (al momento dell'accantonamento) e diminuisce sempre in DARE (al momento dell'utilizzo del fondo).

Prima di utilizzare i fondi bisogna verificare che il loro saldo in Avere sia sufficiente. Il totale Dare del mastrino del Fondo non può essere superiore al totale Avere.

La chiusura dei conti ed il bilancio

La chiusura è la procedura con la quale i valori dei conti vengono trasferiti nei due **conti di riepilogo**; più precisamente nel **Conto di Risultato Economico** (profitti e perdite) e nello **Stato Patrimoniale**.

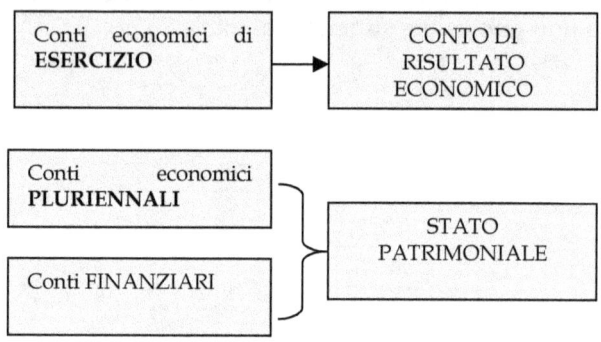

Le fasi della chiusura sono:

1. Chiusura di tutti i conti economici di esercizio al **conto di risultato economico**.
2. Determinazione del **risultato economico**.
3. Chiusura di tutti i conti economici pluriennali e conti finanziari al conto **stato patrimoniale**.

Chiusura a conto di risultato economico

a) I conti che funzionano in Dare vengono chiusi in Avere ed il loro valore è trasferito nel Dare del Conto di risultato economico

Data 2015	Denominazione Conto	Dare	Avere
31/12	**CONTO RISULT.ECONOMICO**	**2.053.343,12**	
31/12	Merci c/esistenza inziali		141.008,40
31/12	Resi su vendite		7.320,00
31/12	Merci c/acquisti		1.413.730,00

31/12	Salari e Stipendi		194.400,00
31/12	Oneri sociali		65.280,00
31/12	Costi per energia		27.060,00
31/12	Costi di trasporto		16.000,00
31/12	Costi telefonici		3.850,00
31/12	Consulenze		7.650,00
31/12	Interessi passivi a fornitori		4.080,00
31/12	Fitti passivi		12.000,00
31/12	Assicurazioni		10.256,40
31/12	Interessi passivi bancari		25.503,60
31/12	Interessi passivi su mutui		13.680,00
31/12	Perdite su crediti		855,00
31/12	Svalutazione crediti		12.239,28
31/12	TFR		17.413,64
31/12	Amm.Fabbricati		8.268,80
31/12	Amm. Attrezz. Commerciali		14.400,00
31/12	Amm.Macc.Uff		11.512,80
31/12	Amm. Arredamento		7.524,00
31/12	Amm. Automezzi		35.131,20
31/12	Imposte d'esercizio		4.180,00

b) I conti che funzionano in Avere vengono chiusi in Dare ed il loro valore è trasferito in Avere del Conto di risultato economico.

Data 2015	Denominazione Conto	Dare	Avere
31/12	Merci c/vendite	1.885.056,00	
31/12	Resi su acquisti	2.558,40	
31/12	Ribassi e abbuoni attivi	1.347,60	
31/12	Interessi attivi da clienti	4.736,16	
31/12	Merci c/rimanenze finali	179.500,00	
31/12	Interessi attivi postali	734,00	
31/12	CONTO RISULT.ECONOMICO		2.073.932,16

Al termine della chiusura, il conto di risultato economico presenterà in DARE il totale dei costi e in AVERE il totale dei ricavi.

	CONTO DI RISULTATO ECONOMICO	
D	**A**	
2.053.343,12	2.073.932,16	

Chiusura Stato Patrimoniale

I conti che hanno eccedenza (saldo) in Dare vengono chiusi in Avere ed il loro valore è trasferito nel Dare del conto **Bilancio di chiusura** (o conto di stato patrimoniale);

Data 2015	Denominazione Conto	Dare	Avere
31/12	**BILANCIO DI CHIUSURA**	1.355.670,40	
31/12	Fabbricati		288.720,00
31/12	Attrezzature commerciali		120.000,00
31/12	Automezzi		175.656,00
31/12	Macchine d'ufficio		63.960,00
31/12	Arredamento		50.160,00
31/12	Crediti v/clienti		344.352,00
31/12	Cambiali attive		71.220,00
31/12	Crediti commerciali diversi		38.400,00
31/12	Imposte c/acconto		2.500,00
31/12	Denaro in cassa		7.195,20
31/12	C/c postali		9.872,80
31/12	Merci		179.500,00
31/12	Risconti attivi		3.987,60
31/12	Erario c/ritenute subite		146,80

I conti che hanno eccedenza (saldo) in Avere vengono chiusi in Dare ed il loro valore è trasferito in Avere del conto **Bilancio di chiusura** (o conto di stato patrimoniale).

Data 2015	Denominazione Conto	Dare	Avere
31/12	F.do amm. Fabbricati	86.244,80	
31/12	F.do amm. Attrezz. Comm.	71.358,00	
31/12	F.do amm. Automezzi	117.931,20	

74

31/12	F.do amm. Macc. D'ufficio	19.188,00	
31/12	F.do amm. Arredamento	22.188,00	
31/12	F.do sval. Crediti	3.045,00	
31/12	F.do rischi su crediti	17.987,28	
31/12	Debiti per TFR	112.753,34	
31/12	Debiti v/fornitori	243.074,40	
31/12	Cambiali passive	24.702,00	
31/12	BNL c/c	39.720,00	
31/12	Mutui passivi	72.000,00	
31/12	Debiti per IVA	13.869,60	
31/12	Debiti v/Istituti previd.	7.442,40	
31/12	Debiti per ritenute da versare	6.315,90	
31/12	Fatture da ricevere	38.650,00	
31/12	Ratei passivi	1.440,00	
31/12	Risconti passivi	63,84	
31/12	Debiti per imposte	4.180,00	
31/12	Crediti insoluti	2.850,00	
31/12	**BILANCIO DI CHIUSURA**		905.003,76

A fine chiusura rimangono solo i due conti riepilogativi:

1. **Conto di risultato economico**: che esprime i costi e i ricavi solo dell'esercizio; dal loro confronto si può capire se c'è stato un utile o una perdita. Consente di evidenziare l'aspetto **economico** dell'azienda;

2. **Stato patrimoniale**: che esprime i valori finanziari ed economici pluriennali; dal loro confronto è possibile evidenziare l'andamento **finanziario** dell'azienda

Questi due conti costituiscono il **bilancio finale**:

BILANCIO FINALE	
CONTO DI RISULTATO ECONOMICO	**STATO PATRIMONIALE**

Determinazione del risultato economico

Per risultato economico si intende la **differenza** tra il totale dei **ricavi** [R] ed il totale dei **costi** [C] che può originare un **utile** o una **perdita**. Se:

Ricavi **maggiori** dei costi   R > C   UTILE   U = R - C
Ricavi **minori** dei costi   R < C   PERDITA   P = C - R

Si tratta di **chiudere** il conto economico e trasferire la differenza tra costi e ricavi (utile o perdita) al conto **Utile di esercizio** o **Perdita di esercizio**, a seconda dei casi.
Seguendo l'esempio precedente abbiamo una situazione di utile. La registrazione è:

Data 2015	Denominazione Conto	Dare	Avere
31/12	CONTO RIS.ECONOMICO	20.589,04	
31/12	UTILE D'ESERCIZIO		20.589,04

CONTO DI RISULTATO ECONOMICO		UTILE D'ESERCIZIO	
D	A	D	A
2.053.343,12	2.073.932,16		20.589,04
20.589,04			
2.073.932,16	2.073.932,16		

Nel caso di una perdita invece la registrazione è:

Data 2015	Denominazione Conto	Dare	Avere
31/12	PERDITA D'ESERCIZIO	20.589,04	
31/12	CONTO RIS.ECONOMICO		20.589,04

CONTO DI RISULTATO ECONOMICO		PERDITA D'ESERCIZIO	
D	A	D	A
2.073.932,16	2.053.343,12	20.589,04	
	20.589,04		
2.073.932,16	2.073.932,16		

Dopo la riapertura dei conti (esercizio successivo) decidiamo cosa farne dell'utile (o della perdita).

La riapertura dei conti

E' il procedimento che, in data 1/1, cioè all'inizio del **nuovo esercizio**, consente di "riattivare" i conti precedentemente chiusi a Bilancio Finale affinché sia nuovamente possibile disporre dei loro rispettivi saldi. Se non si effettuasse la riapertura, si perderebbe il valore della cassa, della banca, dei crediti, dei debiti, ect... così come erano stati determinati al termine dell'esercizio precedente (31/12).

Con la riapertura si **recuperano i saldi dei conti chiusi a bilancio finale;** non si effettua invece la riapertura dei conti economici in quanto il loro saldo DEVE essere perso poiché relativo esclusivamente all'esercizio passato. Ciò significa che i conti economici (cioè costi e ricavi) presentano all'1/1 **saldo zero** e sono pertanto pronti ad accogliere i costi e i ricavi del nuovo esercizio.

La riapertura si effettua aprendo le **attività**: con la registrazione: **attività - bilancio iniziale,** più precisamente:

Data 2016	Denominazione Conto	Dare	Avere
1/1	**BILANCIO DI APERTURA**		1.355.670,40
1/1	Fabbricati	288.720,00	
1/1	Attrezzature commerciali	120.000,00	
1/1	Automezzi	175.656,00	
1/1	Macchine d'ufficio	63.960,00	
1/1	Arredamento	50.160,00	
1/1	Crediti v/clienti	344.352,00	
1/1	Cambiali attive	71.220,00	
1/1	Crediti commerciali diversi	38.400,00	
1/1	Imposte c/acconto	2.500,00	
1/1	Denaro in cassa	7.195,20	
1/1	C/c postali	9.872,80	
1/1	Merci	179.500,00	
1/1	Risconti attivi	3.987,60	
1/1	Erario c/ritenute subite	146,80	

le **passività**: con la registrazione: **bilancio iniziale - passività** , più precisamente:

Data 2016	Denominazione Conto	Dare	Avere
1/1	F.do amm. Fabbricati		86.244,80
1/1	F.do amm. Attrezz. Comm.		71.358,00
1/1	F.do amm. Automezzi		117.931,20
1/1	F.do amm. Macc. D'ufficio		19.188,00
1/1	F.do amm. Arredamento		22.188,00
1/1	F.do sval. Crediti		3.045,00
1/1	F.do rischi su crediti		17.987,28
1/1	Debiti per TFR		112.753,34
1/1	Debiti v/fornitori		243.074,40
1/1	Cambiali passive		24.702,00
1/1	BNL c/c		39.720,00
1/1	Mutui passivi		72.000,00
1/1	Debiti per IVA		13.869,60
1/1	Debiti v/Istituti previd.		7.442,40
1/1	Debiti per ritenute da versare		6.315,90
1/1	Fatture da ricevere		38.650,00
1/1	Ratei passivi		1.440,00
1/1	Risconti passivi		63,84
1/1	Debiti per imposte		4.180,00
1/1	Crediti insoluti		2.850,00
1/1	**BILANCIO DI APERTURA**	905.003,76	

Le registrazioni di apertura sono semplicemente il contrario di quelle di chiusura. I conti patrimoniali che sono stati chiusi in Dare dello Stato Patrimoniale (le Passività) ora si riaprono nel loro "posto" naturale, ossia nelle Passività (Avere).

I conti patrimoniali che sono stati chiusi in Avere dello Stato Patrimoniale (le Attività) ora si riaprono nel loro "posto" naturale, ossia nelle Attività (Dare).

I valori di ogni singolo conto sono gli stessi della chiusura perché stiamo traghettando da un esercizio all'altro i conti. Pertanto l'operazione di riapertura consiste nella copia dei dati della chiusura, mettendoli però nella sezione opposta. Quello che avevamo chiuso in Avere ora lo rimettiamo in Dare e quello che avevamo chiuso in Dare ora lo rimettiamo in Avere.

Riapertura: la sistemazione dei Risconti

I risconti esprimono al 31/12 quote di costi o di ricavi relative all'esercizio successivo per cui, quando si arriva a tale esercizio (cioè all'1/1), occorre "caricare" i conti specifici con i costi o con i ricavi stornati dall'esercizio precedente. In pratica:

Data 2015	Denominazione Conto	Dare	Avere
31/12	RISCONTI ATTIVI	800,00	
31/12	FITTI PASSIVI		800,00

Al 31/12/2015 è stato stornato un valore non di competenza del 2015 (in quanto del 2016) per cui quando si giunge nel 2016 (1/1 del nuovo esercizio) occorre recuperare tale valore (presente nel conto Risconti) e "caricarlo" nel relativo conto economico in quanto ora, essendo ormai nel 2016, tale valore è di competenza.

Data 2016	Denominazione Conto	Dare	Avere
1/1	FITTI PASSIVI	800,00	
1/1	RISCONTI ATTIVI		800,00

Il nuovo esercizio parte già con un costo di Fitti Passivi pari a € 800,00 di competenza.

Altro esempio:

Data 2015	Denominazione Conto	Dare	Avere
31/12	INTERESSI ATTIVI	200,00	
31/12	RISCONTI PASSIVI		200,00

Data 2016	Denominazione Conto	Dare	Avere
1/1	RISCONTI PASSIVI	200,00	
1/1	INTERESSI ATTIVI		200,00

I conti "Risconti" (Attivi e Passivi) permettono dunque di far **transitare** dei costi e/o dei ricavi da un esercizio all'altro, un po' come Merci in magazzino.

Riapertura: la sistemazione dei ratei

I ratei (attivi e/o passivi) vengono "sistemati" nel momento in cui si ha la **manifestazione finanziaria** del costo o del ricavo a cui essi si riferiscono.

Esempio
Si concede in affitto un locale dal 1/10/2015 al 1/2/2016 per € 800,00 quadrimestrali posticipate.

Al **1/10/2015** non si effettua registrazione in quanto non si ha alcun movimento.

Al **31/12/2015** si integra il ricavo nel conto **Fitti attivi** utilizzando il conto **Ratei Attivi**

Data 2015	Denominazione Conto	Dare	Avere
31/12	RATEI ATTIVI	600,00	
31/12	FITTI ATTIVI		600,00

Al **1/1/2016** non si effettua registrazione in quanto non si ha alcun movimento.

Al **1/2/2016** si ha un **movimento di banca** per € 800,00 (Banca in Dare, variazione finanziaria attiva). Contestualmente si chiude il Rateo Attivo (in Avere, variazione finanziaria passiva) per € 600,00 (relative all'esercizio precedente) e si rileva un **ricavo** relativo al nuovo esercizio per € **200,00** (in Avere in quanto variazione economica positiva, + Ricavi).

Data 2016	Denominazione Conto	Dare	Avere
1/2	BANCA X C/C	800,00	
1/2	RATEI ATTIVI		600,00
1/2	FITTI ATTIVI		200,00

In pratica, pur avendo una entrata di € 800,00 si ha solo un ricavo di € 200,00 (che è la parte relativa al nuovo esercizio, il 2002) mentre € 600,00 relative al vecchio esercizio, il 2015, vengono scaricate dal conto "Ratei Attivi"

Altro esempio della sistemazione di un rateo passivo:

Data 2016	Denominazione Conto	Dare	Avere
1/4	RATEI PASSIVI	400,00	
1/4	INTERESSI PASSIVI	100,00	
1/4	BANCA X C/C		500,00

In data 1/4 si ha una uscita di banca per € 500,00 di cui 400,00 relative all'esercizio precedente (dunque rilevate in un rateo, al 31/12 dell'esercizio precedente) e € 100,00 relative all'esercizio corrente (dunque rilevate nel conto "Interessi Passivi" che è un conto economico relativo ai costi di esercizio

Utilizzo dell'utile di esercizio

L'utile di esercizio può avere diverse destinazioni:

a) può essere **prelevato** dal **titolare** dell'azienda (individuale):

Data 2016	Denominazione Conto	Dare	Avere
1/3	UTILE D'ESERCIZIO	20.589,04	
1/3	BANCA X C/C		20.589,04

b) può essere **distribuito** ai **soci** dell'azienda (**società**):

Data 2016	Denominazione Conto	Dare	Avere
1/3	Utile d'esercizio	20.589,00	
1/3	Socio bianchi c/utili		6.863,00
1/3	Socio rossi c/utili		6.863,00
1/3	Socio verdi c/utili		6.863,00
30/3	Socio bianchi c/utili	6.863,00	
30/3	Socio rossi c/utili	6.863,00	
30/3	Socio verdi c/utili	6.863,00	
30/3	Banca x c/c		20.589,00

c) può essere **capitalizzato** cioè aggiunto al capitale netto al fine di aumentarlo:

Data 2016	Denominazione Conto	Dare	Avere
1/3	Utile d'esercizio	20.589,04	
1/3	Patrimonio netto		20.589,04

d) può essere utilizzato per "coprire" una perdita di esercizi precedenti (portata a nuovo):

Data 2016	Denominazione Conto	Dare	Avere
1/3	Utile d'esercizio	20.589,04	
1/3	Perdita a nuovo		20.589,04

e) non sapendo esattamente come destinarlo, può essere lasciato "in sospeso" e rimandato ai prossimi esercizi, in attesa di prendere una decisione in merito:

Data 2016	Denominazione Conto	Dare	Avere
1/3	Utile d'esercizio	20.589,04	
1/3	Utile a nuovo		20.589,04

f) può essere **girato** ad un fondo apposito, ad esempio il **Fondo di riserva**:

Data 2016	Denominazione Conto	Dare	Avere
1/3	Utile d'esercizio	20.589,04	
1/3	Riserva volontaria		20.589,04

Normalmente l'utile viene destinato in parte al titolare (o ai soci), in parte nella riserva volontaria.

In ogni caso, l'utilizzo dell'utile comporta sempre la sua **chiusura** in **Dare** del conto (meno utile) ed il movimento del corrispondente conto in **Avere** (meno Banca, più debiti verso soci, più capitale netto, meno perdita di esercizio, etc..).

Il riparto dell'utile in una SPA

In una S.p.A. il riparto dell'utile è leggermente più articolato. Esso ha luogo nei primi mesi dell'esercizio successivo a quello a cui l'utile si riferisce, dopo l'approvazione del bilancio. Un esempio di liquidazione utile può essere il seguente:

Data 2016	Denominazione Conto	Dare	Avere
1/4	Utile d'esercizio	20.589,00	
1/4	Riserva legale		1.029,45
1/4	Riserva statutaria		1.235,34
1/4	Azionisti c/dividendi		18.000,00
1/4	Utile a nuovo		324,21

Riserva legale e **Riserva statutaria** esprimono "parti del capitale netto" e funzionano, pertanto, come Capitale Sociale e Utile di esercizio (aumentano in Avere e diminuiscono in Dare). Sono accantonamenti.

Azionisti c/dividendi è un **conto finanziario** che esprime il **debito** che la società ha verso gli azionisti per i dividendi di cui essi hanno diritto.

Al momento del pagamento dei dividendi e dei compensi

Data 2016	Denominazione Conto	Dare	Avere
30/4	Azionisti c/dividendi	18.000,00	
30/4	Banca x c/c		18.000,00

Sistemazione della perdita di esercizio

La perdita di esercizio può essere così gestita:

a) può essere **coperta** dal titolare mediante versamento di denaro

Data 2016	Denominazione Conto	Dare	Avere
1/3	Banca x c/c	20.589,04	
1/3	Perdita d'esercizio		20.589,04

b) può essere compensata mediante **diminuzione del capitale netto**

Data 2016	Denominazione Conto	Dare	Avere
1/3	PATRIMONIO NETTO	20.589,04	
1/3	PERDITA D'ESERCIZIO		20.589,04

c) può essere coperta mediante l'utilizzo di un **fondo di riserva** precedentemente costituito ed alimentato da utili di esercizi passati

Data 2016	Denominazione Conto	Dare	Avere
1/3	RISERVA STATUTARIA	20.589,04	
1/3	PERDITA D'ESERCIZIO		20.589,04

d) può essere coperta utilizzando **utili di esercizi precedenti**

Data 2016	Denominazione Conto	Dare	Avere
1/3	UTILE A NUOVO	20.589,04	
1/3	PERDITA D'ESERCIZIO		20.589,04

Prima di utilizzare le riserve o gli utili a nuovo bisogna verificare che il loro saldo sia sufficiente per coprire la perdita.

In ogni caso, l'estinzione della perdita comporta sempre la sua **chiusura** in **Avere** del conto (meno perdita) ed il movimento del corrispondente conto in **Dare** (più Banca, meno capitale netto, etc....).

Le imposte e le tasse

Le scritture riguardanti le imposte sul reddito d'impresa relative, a società di persone o di capitale, si sviluppano in **3 momenti**:

1) L'**acconto** consiste nel versamento di un anticipo delle imposte relative all'utile che si deve ancora produrre (nell'esempio, nel 2015 si versa un acconto sulle imposte relative all'utile del 2015, che, però, non sarà effettivamente utilizzabile fino al 2016). Si rileva un'uscita di denaro (meno Banca c/c) e la contestuale nascita di un credito verso l'Erario (più crediti) per le imposte anticipate:

Data 2015	Denominazione Conto	Dare	Avere
29/6	Imposte c/acconto	10.000,00	
29/6	Banca x c/c		10.000,00

Imposte c/acconto è un **conto finanziario** che esprime il **credito** che la società ha verso l'Erario per il valore delle imposte anticipate come acconto.

2) La **liquidazione** consiste nella determinazione di quanto deve versare effettivamente la società all'Erario. Il **costo** delle imposte e tasse è calcolato sull'utile dell'esercizio precedente (*cioè è calcolato sull'utile del 2015*). Poi, tale valore viene diminuito dell'**acconto** già versato (rilevato in Erario c/acconto imposte) al fine di determinare il debito a **saldo** verso l'Erario, evidenziato dal conto Debiti per imposte e tasse:

Data 2016	Denominazione Conto	Dare	Avere
29/6	Imposte e tasse	25.000,00	
29/6	Imposte c/acconto		10.000,00
29/6	Debiti per imposte		15.000,00

Imposte e tasse è un **conto economico** relativo ai **costi di esercizio** che rileva, in Dare, il costo sostenuto dalla società per le tasse dell'esercizio.

Debiti per imposte e tasse è un **conto finanziario** che esprime il **debito** che la società ha verso l'Erario per il valore **ancora dovuto** delle imposte e tasse, cioè il valore totale delle imposte e tasse **meno l'acconto già versato.**

3) Il **pagamento** del debito verso l'Erario (cioè del **saldo**) consiste nella semplice uscita di banca e contestuale estinzione del debito:

Data 2016	Denominazione Conto	Dare	Avere
16/7	Debiti per imposte	15.000,00	
16/7	Banca x c/c		15.000,00

NOTE BIOGRAFICHE AUTORI

Marco Castella, Tecnico della Gestione Aziendale con specializzazione in Automazione d'ufficio Contabilità, Bilancio e Controllo.
Freelance dal 1998 nel settore consulenza e formazione informatica applicata alle attività d'ufficio.
www.marcocastella.it

Gian Piero Taricco, ex-insegnante di applicazioni informatiche presso scuole a indirizzo commerciale nella provincia di Cuneo. Laureato in Psicologia, cooperante internazionale in progetti psico-sociali condotti da ONG in paesi in via di sviluppo. Coordinatore, amministratore e logista in progetti di cooperazione. Sviluppatore di soluzioni informatiche "per il sociale".
www.tariccogianpiero.it